Ilse Döring

Brigitte
GYMNASTIK

schlanker

jünger

schöner

Illustriert von
Brigitta Borchert-Scheide

Bertelsmann
Ratgeberverlag

Fachliche Beratung
Hannelore Pilss-Samek
Dipl.-Sport- und Gymnastiklehrerin

© 1973 Verlagsgruppe Bertelsmann GmbH/
Bertelsmann Ratgeberverlag, München · Gütersloh · Wien 1973/5 4 3
Gesamtherstellung Mohndruck Reinhard Mohn OHG, Gütersloh
Alle Rechte vorbehalten · Printed in Germany
ISBN 3-570-02853-4

Inhaltsverzeichnis

Erst lesen –
dann turnen

Geschmeidige Bewegungen, eine gute Haltung und Lockerheit in allen Gelenken, das sind die Ziele, die Sie mit Hilfe dieses Buches erreichen können. Ganz gleich, was für eine Figur Sie im Augenblick haben. Sie können auf jeden Fall noch besser aussehen durch drei Dinge:

1. Durch Gymnastik: Ihre Muskeln festigen sich, der ganze Körper wirkt drahtiger und schlanker, proportionierter. Gezielte Übungen für bestimmte Körperteile rücken den Problemstellen direkt zu Leibe und verhelfen Ihnen zu einer harmonischen Figur und dem dazugehörigen Selbstbewußtsein. Denn beim Turnen verbraucht man Energie aus der eigenen Vorratskammer: die Fettpolster werden bewegt und dadurch abgebaut.

2. Durch Diät: Wer zu viele Pfunde hat, kann nur durch eine Diät schlanker werden. Übergewicht allein durch Turnen loszuwerden ist einfach unmöglich. Diese Methode dauert zu lange und kostet viel zuviel Energie. Deshalb sind Diät und Gymnastik zusammen der ideale Weg zur besseren Figur.

3. Durch Kleidung: Grundsätzlich kann man seinen individuellen Knochenbau weder durch Gymnastik noch durch Diät verändern. Zum Beispiel: Breite Hüftknochen, zu kurze Beine oder ein gedrungener Oberkörper sind von der Natur ein für allemal gegeben. Aber: Sie können Ihre Problemstellen kaschieren durch geschickte Kleidung und so den Anschein einer fast perfekten Figur erwecken. Auch darüber erfahren Sie mehr in diesem Buch.

Also: Gymnastik, Diät und Kleidung wirken zu Ihrem Wohl zusammen, wenn Sie sich mit aller Energie entscheiden:
Ich will eine gute Figur haben!
Denken Sie immer daran: Wer sich steif, schwerfällig und träge bewegt, wirkt älter. Lassen Sie sich deshalb nie gehen. Treppensteigen ist besser als Liftfahren und zu Fuß gehen besser als Autofahren. Machen Sie öfter einen Dauerlauf, bis Sie aus der Puste kommen, springen

Sie Seil, wandern Sie. Auch Radfahren, Skilaufen, Schwimmen, mit den Kindern Rollschuh oder Schlittschuh laufen, Ballspielen, zu zweit oder allein nach zündender Musik im Zimmer tanzen – das ist ein gutes Training gegen Schwerfälligkeit.

Atmen Sie bei allen Übungen tief ein und aus. Das ist ebenso gut für den Kreislauf wie für das Wohlbefinden, für die gute Verdauung und für den klaren Teint.

Üben Sie mal wieder Zwerchfellatmen: Legen Sie beide Hände ganz leicht auf den Bauch. Atmen Sie tief durch die Nase ein, bis sich der Bauch dehnt – und atmen Sie langsam durch den Mund wieder aus.

Massage und Sauna sind gut – doch beides macht nicht schlanker. Sie regen aber den Kreislauf an und sorgen für Abhärtung und für eine Straffung der Figur.

Turnen Sie immer barfuß vor dem Essen. Sorgen Sie für eine warme und weiche, aber nicht verrutschbare Turn-Unterlage. Üben Sie niemals bis zum Umfallen. Sie sollen sich zwar anstrengen, aber nicht völlig verausgaben.

Turnen Sie – wenn möglich – zu zweit im Wettbewerb. Das macht mehr Spaß und spornt zu besseren Leistungen an. Auch Männer und Kinder können mitmachen, mit Ausnahme einiger typisch weiblicher Übungen.

Ehe Sie turnen:
Erst den Übungstext lesen und die Zeichnung studieren. Dann die Übung probieren ohne sich anzustrengen, erst dann richtig turnen.

Und zum Schluß noch ein Tip: Sprechen Sie alle Übungen, die speziell gegen Ihre Problemstellen helfen sollen, auf ein Bandgerät – falls Sie eines besitzen. Beim Abhören und Nachturnen üben Sie so noch intensiver nach Ihren eigenen Worten.

Gymnastikplan für eine Woche

10 Minuten täglich genügen, um den ganzen Körper gründlich durchzutrainieren. Turnen Sie die fünf Übungen für jeden Tag am besten gleich morgens, damit Sie so richtig in Schwung kommen. Die erste Übung dient immer der Lockerung.

Montag

Zuerst: Hüpfen Sie von einem Fuß auf den anderen, und schütteln Sie dabei Arme, Hände und Beine nach allen Seiten, als wollten Sie Wassertropfen von sich abschütteln. Ganz locker bleiben und beim Hüpfen und Schütteln die Arme zur Seite und auch mal nach oben schwingen.

Geradestehen und den Kopf nach vorn fallen lassen. Drehen Sie den Kopf über die rechte Schulter nach hinten, über die linke Schulter zurück nach vorn. Je 10mal mit dem Kopf nach rechts und nach links kreisen. Die Hände auf die Hüften aufstützen.

Legen Sie sich lang ausgestreckt auf den Rücken, die Arme ruhen seitlich neben dem Körper. Jetzt beide Beine geschlossen hochstrecken und die Knie bis auf die Brust herunterziehen. Beine wieder nach oben strecken und langsam zu Boden senken. 10mal üben.

3

Aufrecht stehen, Beine grätschen und die Füße leicht nach außen

drehen. Mit gespreizten Knien und kerzengeradem Rücken langsam in die Hocke gehen. Die Arme dabei bis in Schulterhöhe heben. Langsam – und immer noch ganz gerade – wieder aufrichten. Kinn und Kopf schön gestreckt halten. Arme senken. Diese Übung 8–10mal turnen.

4

Legen Sie sich auf den Rücken, ziehen Sie die geschlossenen Knie an den Körper, und umfassen Sie

die Knie mit den Händen. Den Kopf gegen die Knie beugen und langsam bis 5 zählen. Dann langsam zurücksinken und sich wieder gerade und entspannt ausstrecken. 10mal üben.

Dienstag

Zuerst: Stellen Sie sich auf die Zehenspitzen, und strecken und recken Sie sich mit den hoch ausgestreckten Armen und Händen, als wollten Sie die Zimmerdecke berühren. Auch die Augen blicken nach oben, der Kopf liegt im Nacken. Trippeln Sie bei dieser Übung von einer Fußspitze auf die andere.

Stellen Sie sich mit durchgedrückten Knien gerade hin, die Beine grätschen. Nehmen Sie einen handlichen schweren Gegenstand in die linke Hand, schwingen Sie den Oberkörper hinunter zum rechten Fuß und wippen leicht nach. Wieder gerade aufrichten. Mit jedem Arm 10mal üben.

Mit geschlossenen Beinen aufrecht stehen. Die Hände auf die Hüften stützen. Jetzt die Hüften mit viel

12

Schwung abwechselnd nach rechts und links schieben. Kopf und Schultern bleiben ganz ruhig, nur die Hüften sollen kräftig bewegt werden. 20mal üben.

4

Aufrecht stehen, die Hände locker auf die Hüften stützen. Die Füße bleiben geschlossen, die Knie durchgedrückt. Lassen Sie den Kopf nach vorn fallen und dann

3

Setzen Sie sich mit gerade ausgestreckten Beinen vor einen Bücherstapel oder einen kleinen Hocker. Beide Beine gleichzeitig über die Bücher schwingen, dabei die Zehenspitzen ebenfalls ganz gerade strecken. Die Arme schwingen immer entgegengesetzt. Je 10mal nach links und rechts üben.

in den Nacken. Mit Elan, aber nicht zuviel Schwung 8mal üben.

Mittwoch

Zuerst: Auf der Stelle laufen, laufen, laufen. Dann den Oberkörper nach vorn fallen und die Arme leicht ausschwingen lassen, mit den Knien locker nachfedern. Beim Laufen die Fersen am Po anschlagen.

Im Knien beide Hände vorn aufstützen und einen runden Katzenbuckel machen. Das Kinn gegen den Oberkörper pressen, das rechte Knie nach vorn bis zur

Nasenspitze ziehen. Anschließend das Bein nach hinten hochstrecken und den Kopf heben. Abwechselnd 8mal mit jedem Bein üben.

Setzen Sie sich aufrecht hin, und stützen Sie die Hände schräg hinter sich auf. Jetzt das Becken heben, die Beine bleiben gestreckt, und den Kopf soweit wie möglich nach hinten

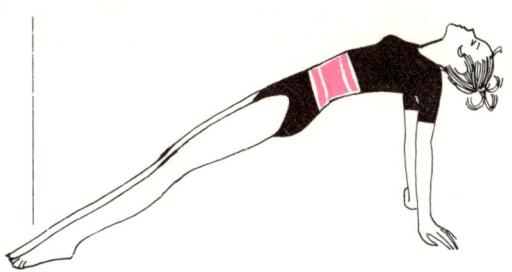

herunterhängen lassen. Den Rücken kräftig strecken und dehnen. Wieder hinsetzen. 8mal üben.

sogar an der Straßenbahnhaltestelle: Ziehen Sie den Bauch kräftig ein, als wollten Sie ihn an die Wirbelsäule drücken. Langsam bis 6 zählen und den Bauch wieder vorschnellen lassen. Achtung! Nur 3mal üben und dabei tief durchatmen.

Knien Sie sich auf den Boden, und setzen Sie sich dann auf Ihre Fersen. Den rechten Arm nach vorn, den linken nach hinten gerade ausstrecken. Aus den Oberschenkeln heraus einige Male hochwippen und wieder auf die Fersen setzen. Die Armstellung öfter wechseln. Je 10mal üben.

3

Eine unsichtbare Gymnastikübung, die Sie sitzend und stehend machen können,

Donnerstag

Zuerst: Die Beine leicht grätschen, den Oberkörper nach vorn fallen lassen, die Hände auf die Hüften stützen. Jetzt 5mal mit dem Rumpf zur linken Seite, dann 5mal zur rechten Seite kreisen. Zwischendurch Oberkörper, Arme und Kopf locker nach vorn fallen lassen.

Sie legen sich auf den Rücken und strecken die Beine in die Luft. Das ausgestreckte rechte Bein mit

den Händen festhalten, das linke soweit wie möglich auf den Boden senken. Mit jedem Bein 10mal üben.

Legen Sie sich auf den Bauch, und stützen Sie die Arme vorn auf. Aus dem Liegestütz heraus das rechte Bein mit Schwung zur Seite und wieder zurück führen.

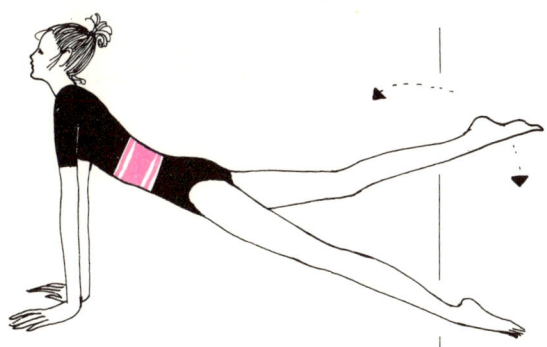

Das linke Bein bleibt gerade ausgestreckt auf dem Boden. Mit jedem Bein 10mal üben.

3

Stellen Sie sich mit geschlossenen Füßen gerade hin. Die Arme nach hinten führen und die Hände

hinter dem Rücken falten. Jetzt mit den ausgestreckten Armen leicht nach oben federn. 20mal üben.

4

Sie setzen sich auf den Boden, halten den Rücken gerade und den Kopf hoch erhoben. Die Hände im Nacken verschränken. Mit den Ellenbogen abwechselnd rechts und links neben den gestreckten Beinen zum Boden wippen. Je 10mal üben.

Freitag

Zuerst: Den linken Arm locker nach vorn ausstrecken und aus der Armkugel heraus den Arm schwungvolle Kreise beschreiben lassen. Wenn der Arm unten durchschwingt, locker in den Knien nachfedern. Anschließend mit dem rechten Arm kreisen. Zum Schluß mit beiden Armen gleichzeitig 5 Kreise nach vorn und nach hinten beschreiben.

Legen Sie sich lang ausgestreckt auf den Rücken. Die Arme hinter dem Kopf ausstrecken. Recken Sie sich jetzt kräftig, und stoßen Sie abwechselnd die Beine aus der Hüfte nach vorn, soweit Sie können. Je 10mal üben.

Den rechten Fuß auf einen Stuhlsitz stellen. Den Oberkörper

über das ausgestreckte linke Bein beugen und mit den Fingerspitzen gegen den Fuß tippen. Dann den linken Fuß auf die Stuhlkante setzen. Je 10mal üben.

wippen, ohne die Hüften und das Becken zu bewegen. Nach jeder Seite 15mal üben. Das Atmen nicht vergessen.

Stellen Sie sich gerade hin, und breiten Sie die Arme weit aus. Die Beine sind geschlossen. Die Bauch- und Beckenmuskeln

Hinsetzen, den Rücken gerade halten, die Beine lang ausstrecken. Ein Spring- oder Wäscheseil um den rechten Fuß legen. Das Bein nun gestreckt hochziehen und mit dem Kopf das Knie berühren. Je 10mal mit jedem Bein üben.

anspannen. Mit dem Oberkörper abwechselnd nach links und rechts

19

Samstag

Zuerst: Die Arme straff nach oben strecken und auf den Zehenspitzen trippeln. Strecken und recken Sie sich tüchtig. Dann tief in die Hocke fallen, den Rücken rund machen, den Kopf tief herabbeugen und die Arme um die Knie legen. Leicht nachfedern. Mit Schwung aufrichten und sich wieder so lang wie möglich ausstrecken. 10mal üben.

Setzen Sie sich auf den Boden, und stützen Sie die Hände schräg hinter sich auf. Neben Ihren Füßen stehen zwei Bücherstapel. Nun die langgestreckten Beine von links nach rechts schwingen und neben jedem Stapel die Füße einmal ganz kurz auf den

Fußboden tippen lassen. Die Knie bleiben immer durchgedrückt. 10mal üben.

Aufrecht auf einen Stuhl setzen und die Arme locker hängen lassen. Die Schultern hochziehen,

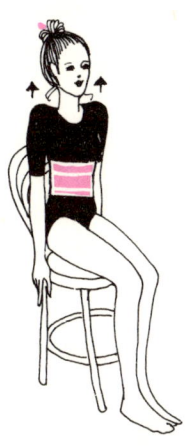

ausgestreckten Arme parallel zueinander hinter den Kopf auf den Boden. Dicht über dem Boden die Arme in weiten Kreisen zum Körper zurückführen und wieder nach hinten schwingen. 10mal rasch hintereinander üben.

Setzen Sie sich aufrecht auf den Boden, die Beine sind lang

nach hinten drücken und diese Bewegung zum Kreis weiterführen. 15mal üben.

Legen Sie sich mit leicht angezogenen Beinen auf den Rücken, und schwingen Sie die

ausgestreckt. Die Arme hochschwingen, den Oberkörper vorbeugen und mit den Händen gegen die Füße federn. Den Kopf zwischen den Armen mit vorbeugen. 10mal üben.

Sonntag

Zuerst: Vom Hüftgelenk aus das linke Bein locker und schwungvoll nach vorn, dann nach hinten schwingen. Der Fuß schleift dabei leicht über den Fußboden, das Kniegelenk wippt etwas mit, nur das Standbein bleibt gestreckt. Auch der Kopf schwingt leicht mit. Dann mit dem rechten Bein schwingen. Die Arme sind seitwärts ausgestreckt und helfen so beim Balancieren.

Mit weit gegrätschten Beinen aufrecht hinstellen. Den Oberkörper vorbeugen und mit den Händen den Boden berühren.

Dabei mit den Hüften kräftig nach links und rechts wippen. 10mal nach jeder Seite üben.

Legen Sie sich einen Besenstiel über die Schultern, und umfassen Sie ihn links und rechts mit

ausgestreckten Armen. Nun mit
den Schultern locker auf- und
abfedern. 20mal üben.

Legen Sie sich lang auf den
Rücken. Die Arme ruhen gerade
hinter dem Kopf, die Beine sind
gespreizt. Mit viel Schwung den

Aufrecht auf den Boden setzen.
Die Arme in Brusthöhe gerade
vorstrecken und mit den Händen
zwei Handtuchzipfel fassen. Die
Beine im Schwebesitz über und
unter dem Handtuch
durchstrecken, ohne daß sie den
Boden berühren. Ohne Absetzen
10mal üben.

Oberkörper aufrichten und nach
vorn fallen lassen. Dabei mit den
Fingerspitzen 10mal den linken
Fuß und 10mal den rechten Fuß
berühren.

Zur Schönheit gehört Haltung

Stets eine gute Figur zu machen, kann man durch Übung erlernen. Wer schön aufrecht, locker und gerade geht, steht und sitzt, der wirkt hübscher und entspannter. Und natürlich fördert es das jugendliche Aussehen, wenn Ihre Bewegungen elastisch und harmonisch ablaufen.

Vergessen Sie, was Sie bisher über Haltung gehört und gelesen haben, denn

● *falsch* ist die unnatürliche Mannequinhaltung mit dem balancierten Buch auf dem Kopf,
● *falsch* ist die gedrillte, verkrampfte Soldatenhaltung,
● *falsch* ist die oft nachgeahmte starre Haltung der Ballettänzerinnen.

Für eine gute Haltung gibt es ein paar simple Faustregeln: Schultern zurück, Rücken gerade, Brust 'raus, Bauch 'rein, Kopf hoch!
Das beste, einfachste und billigste Mittel, zu einer guten Haltung zu kommen, ist regelmäßige Bewegung. Unsere Gymnastikübungen und viel Schwimmen trainieren den Körper so, daß es ihm leichtfällt, sich gerade und natürlich zu halten.
Wer allerdings häufig unter Rücken- oder Kreuzschmerzen leidet, sollte lieber gleich den Arzt aufsuchen. Bei manchen Haltungsschäden hilft nämlich nur gezieltes orthopädisches Turnen. Auch die Ernährung hat Einfluß auf Ihre Haltung: Unsere Knochen bestehen zu einem großen Teil aus Eiweiß und Mineralsalzen und sind auf ausreichenden Nachschub von diesen Stoffen und auf reichlich Vitamine angewiesen. Auch die Muskulatur braucht Eiweiß. Die Folgen falscher Ernährung kann man an vielen alten Menschen beobachten: krumme Beine und runde Rücken, meist als Folge von Mangelerscheinungen im Knochenbau.
Wie gesagt, Gymnastik, Schwimmen, eine ausgewogene Ernährung oder vernünftige Diät und ständige Selbstkontrolle verhelfen zu einer guten Haltung.
Mit der Haltung bezeichnet man auch die innere Haltung, die Verfassung eines Menschen: Wer äußerlich beherrscht bleibt, wenn er traurig oder wütend ist, bewahrt Haltung und »läßt nicht den Kopf hängen«. Umgekehrt kann der Rat »Kopf hoch« traurige Menschen dazu veranlassen, den Kopf wirklich höher zu tragen, und das wird dann auch die trübe Stimmung wieder bessern.
Äußere und innere Haltung hängen also zusammen.
Wenn dazu noch eine tiefe und gute Atmung kommt, wird Ihre

Haltung bald vollkommen sein. Kontrollieren Sie Ihre Bewegungen im Spiegel und (unauffällig) in jeder Schaufensterscheibe. So stellen Sie genau fest, was daran gut ist und was nicht stimmt.

Die meisten Menschen gehen falsch

Das sind die typischen Gehfehler, die zu Haltungssünden führen:

● Gehen und Stehen mit einwärts gedrehten Füßen. Dabei setzen Sie die Füße nicht mit der Ferse, sondern an den Außenrändern auf. Beim Abrollen zeigen die Zehen dann nach innen. Die Folge ist: Man stolpert leicht, watschelt wie eine Ente, verdirbt sich die Füße und ermüdet rasch.

● Gehen und Stehen mit auswärts gesetzten Füßen schadet ebenfalls, weil die Füße mit ganzer Sohle aufgesetzt, aber nicht abgerollt werden. Knie- und Fußgelenke werden steif, und Ihr Gang wirkt unschön und plump.

● Wer mit Riesenschritten vorwärts eilt und dabei mit den Armen schlenkert, wirkt ungraziös und gehetzt. Außerdem kommt man mit langen Schritten auch nicht schneller weiter als bei normalem Gang.

● Wer beim Gehen die Hüften zu wiegen versucht wie ein Hollywoodstar, wirkt meist lächerlich – und überanstrengt noch dazu seine Beckenmuskeln.

● Wer mit hängendem Kopf durch die Gegend läuft, wirkt häßlich und traurig zugleich. Auch Trippelschritte lassen einen keineswegs zierlich und graziös, sondern eher albern und lächerlich erscheinen.

So gehen Sie richtig

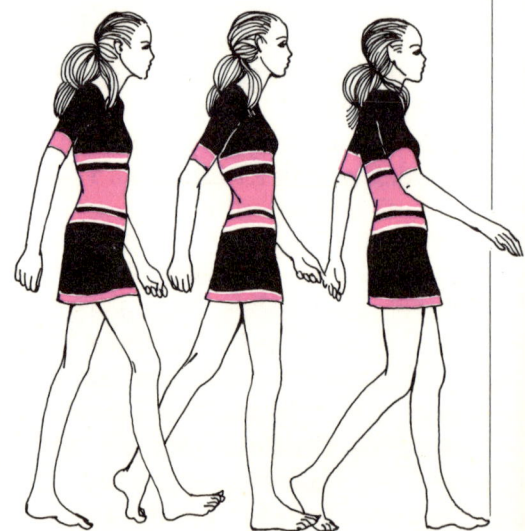

Das rechte oder linke Bein mit geradem Knie nach vorn strecken. Den Fuß zuerst mit der Ferse aufsetzen, ihn dann von hinten nach vorn abrollen lassen und gleichzeitig den rechten oder linken Arm vorschwingen. Während der eine Fuß von der Ferse bis zur Zehe abrollt, das andere Knie leicht beugen, den Fuß abheben, vorstrecken, aufsetzen und ebenfalls abrollen. Dann kommt der andere Fuß. Probieren Sie diese Schrittkombination im Zeitlupentempo aus. Die Arme schwingen immer rhythmisch mit: Beim Schritt mit dem linken Fuß ist der rechte Arm vorn und beim Schritt mit dem rechten Fuß der linke Arm. Der Blick und der Kopf bleiben erhoben.

Übungen für das richtige Gehen

Durch rasches Gehen auf der Stelle macht man die Fußsohlen wieder geschmeidig und locker. Mit geschlossenen Beinen geradestehen, die Hände auf die Hüften

stützen. Abwechselnd die linke und die rechte Ferse heben und senken. Das Gewicht wird dabei von der Ferse auf den Vorderfuß

verlagert. Jeden Fuß gut und nachdrücklich über die Sohlen abrollen. Je 20mal.

Die Beine leicht grätschen, die Arme hoch über den Kopf heben. Zuerst das Körpergewicht auf das linke Bein verlagern und aus der Hüfte heraus mit dem rechten

den Boden stellen. Die Hände auf die Hüften stützen. Jetzt auf die Zehenspitzen gehen und elastisch auf der Stelle hüpfen, dabei jedesmal die Beinstellung wechseln, also über Kreuz hüpfen. Wichtig ist bei dieser ausgezeichneten Übung, daß Sie die Schultern kräftig nach hinten drücken und daß Sie beim Hüpfen locker in den Knien nachgeben. 15mal üben.

Bein von vorn nach hinten schwingen. Der rechte Arm schwingt dabei entgegengesetzt mit. Schön im Gleichgewicht bleiben! Anschließend mit dem linken Bein üben. Je 10mal.

Die Beine kreuzen, also rechter Fuß über den linken heben und danebenstellen oder linken Fuß über den rechten heben und auf

Zur Beinentspannung zwischendurch: Setzen Sie sich mit

28

ausgestreckten Beinen auf den Boden und stützen Sie die Hände hinten ab. Die Beine jetzt abwechselnd zum Körper ziehen und gleich darauf wieder auf dem

Boden vorgleiten lassen. Sorgen Sie für eine weiche Unterlage, denn die Beine gleiten direkt über den Boden. Während das eine Bein vorgleitet, das andere zum Körper ziehen. Die Beine müssen beim Ausstrecken hörbar aufklatschen, nur dann sind sie völlig entspannt. 20mal üben.

Stehen Sie richtig?

Testen Sie sich – aber ohne Pose – selbst einmal vor einem großen Spiegel, der Sie von Kopf bis Fuß zeigt, und prüfen Sie, ob Sie sich bei einer der fünf typischen Steh-fehler ertappen. *Falsch* ist:
1. Wenn das Körpergewicht längere Zeit nur auf einer Seite liegt und das Becken zur Seite verrutscht. Wer so steht, darf sich nicht wundern, wenn er von der einseitigen Belastung Kreuzschmerzen bekommt.
2. Wenn das Hohlkreuz sichtbar wird, zu dem die vorgewölbten Schulterblätter, der nach vorn geschobene Hals und der 'rausgestreckte Bauch gehören.
3. Wenn eine Schulter hochgezogen ist und die andere herunterhängt. Dieses schiefe und verkrampfte Stehen ist häufig bei hochgewachsenen Leuten zu sehen.
4. Wenn die Schultern nach vorn hängen und die Arme vor dem Busen verschränkt werden. Oft soll mit dieser Stehhaltung eine zu kleine oder zu große Oberweite kaschiert werden.
5. Wenn das Becken vorgeschoben wird, der Kopf hängt und die Arme entweder hinter dem Rücken oder vor dem Busen verschränkt werden. Verkäuferinnen nehmen oft diese Haltung ein. Davon kann man außer Kreuzschmerzen auch ein Doppelkinn bekommen!

So stehen Sie richtig

Stellen Sie die Füße parallel nebeneinander, und belasten Sie beide Füße gleichmäßig. Die Kniegelenke sind locker durchgedrückt. Die Schulterpartie ist entspannt und wölbt sich weder nach vorn noch nach hinten. Der Hals ist langgestreckt, der Kopf hoch erhoben. Die Arme hängen locker an den Seiten. Die Bauch- und Rückenmuskeln bleiben bei gerader Beckenstellung straff.

Diese Regeln sind so wichtig wie Ihre eigenen Personalien. Prägen Sie sich deshalb jeden Punkt genau ein, dadurch ersparen Sie sich Rücken- und Kreuzschmerzen – und Sie werden bestimmt bewundert wegen Ihrer lässigen und geschmeidigen Stehhaltung.

Übungen für das richtige Stehen

1

Stellen Sie sich mit geschlossenen Beinen gerade hin. Die Gesäßmuskeln anspannen, das

30

Becken vorstrecken und die Arme
locker auf den Po legen. Jetzt die
Fersen abheben und in den Knien
nachgeben. 15mal üben.

Gewicht auf die Arme verlagern,
den Körper lang nach hinten
ausstrecken und sich auf den
Bauch legen. Dann zurück in die
Kniestellung. 10mal üben.

Legen Sie sich auf den Bauch,
Arme und Beine sind

langgestreckt. Mit einem Ruck die
Arme und Beine gleichzeitig vom
Boden abheben, alle Muskeln
anspannen, in der Schwebe
langsam bis drei zählen, Arme
und Beine wieder senken. 10mal
üben.

Knien Sie sich hin, und stützen
Sie die Hände vorn auf. Jetzt mit
dem Becken nach hinten zu den
Fersen federn. Wieder das

Gerade und aufrecht hinstellen,
die Füße stehen geschlossen

nebeneinander. Die Arme nach oben strecken und dabei auf die Zehenspitzen gehen. Die Bauchmuskeln kräftig anspannen, wieder entspannen. Zurück auf die ganzen Fußsohlen und die Arme langsam senken. 10mal üben.

Sitzen ist gar nicht so einfach

Das ist keine Frage der Bequemlichkeit, denn manches, was bequem aussieht und auch so empfunden wird, ist Gift für den Stützapparat des Körpers. Lümmeln Sie also nicht auf Stühlen und Sesseln herum, sondern üben Sie mit Ihrem Rücken, dem Po und den Beinen eine gute Sitzhaltung, bis Ihr Körper wieder ein Gefühl dafür bekommt, was richtig ist. *Falsch*, schädlich und häßlich ist, wenn Sie so sitzen:
1. Wie eine Schlingpflanze die Beine übereinanderschlagen und den einen Fuß noch einmal um das andere Fußgelenk wickeln – das gibt Stauungen in den Beinen, die Krampfadern hervorrufen können.

2. Linkisch sieht es aus, wenn Sie den Körper beim Sitzen zu einer Seite kippen und das ganze Gewicht auf den Unterarm fallen lassen. Dabei werden die Schulter- und Nackenpartien verkrampft. Kopf- und Rückenschmerzen können die Folge sein.
3. Ungesund und unbequem für Ihren Rücken ist das Sitzen auf dem halben Po. Wenn Sie so sitzen, wird das Körpergewicht nicht von den Oberschenkeln mitgetragen und die Wirbelsäule zu stark belastet. Außerdem: Wer ganz vorn auf der Sitzfläche balanciert, zeigt, daß er sich unbehaglich und unsicher fühlt. Setzen Sie sich richtig auf den Stuhl oder in den Sessel. Das entspannt, gibt Sicherheit – und damit Selbstbewußtsein.
4. Wer krumm vor dem Fernseher sitzt, vielleicht noch die Ellenbogen auf die Knie stützt und den Kopf auf die aufgestützten Arme legt, wird früher oder später unter Stauungen in den Beinen leiden. Selbst wenn Sie das Gefühl haben, diese gebeugte Haltung entspannt Sie, setzen Sie sich nach einigen Minuten wieder gerade und locker hin.

So sitzen Sie richtig

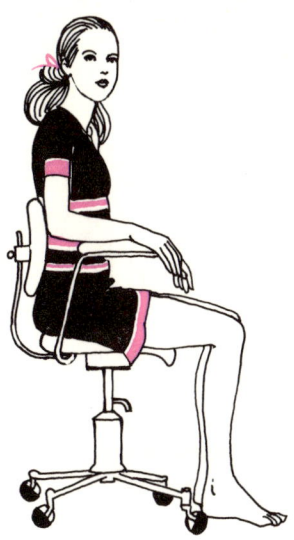

Die Sitzfläche muß so groß sein, daß das ganze Gesäß und die halben Oberschenkel Platz finden. Beide Füße stehen auf den ganzen Fußsohlen nebeneinander auf dem Boden, die Knie sind im rechten Winkel gebeugt. Die Arme liegen rechtwinklig und körpergemäß auf den Lehnen, die den ganzen Unterarm von den Ellenbogen bis zu den Handgelenken stützen. Die Rückenlehne muß in Taillenhöhe den Rücken so abstützen, daß er ohne Kraftaufwand aufrecht bleibt und die Schultern nicht nach vorn fallen. Der Kopf ist erhoben.

Diese vorbildliche Sitzhaltung muß geübt und auf den eigenen Körper abgestimmt werden. Folgende Regeln sind außerdem wichtig:

● Achten Sie immer darauf, daß die Sitzlast vom ganzen Körper und nicht nur vom Gesäß getragen wird.

● Beim Lesen oder Fernsehen ist jede Sitzgelegenheit richtig, die den Rücken stützt und die Schultern entspannt.

● Legen Sie die Beine und Füße hoch, sooft es geht, aber nur, wenn der Rücken gestützt wird.

Übungen für das richtige Sitzen

1

Setzen Sie sich auf einen Stuhl, und stützen Sie die Hände auf die Hüften.

33

Nicht anlehnen. Beide
Ellenbogen kräftig nach hinten
drücken und einatmen. Dann mit
rundem Rücken nach vorn beugen
und mit den Fingern zu den
Füßen greifen. 10mal üben.

Setzen Sie sich auf den Boden,
und stützen Sie die Hände hinten
auf. Die Beine nebeneinander
ausstrecken. Jetzt beide Beine
gerade hochstrecken, soweit es
geht, und ganz langsam wieder
senken. 10mal üben.

Dann die Hände auf die
Oberschenkel legen, den Kopf tief
senken und ausatmen; die Luft
muß hörbar entweichen. 10mal
üben.

Stellen Sie sich gerade hin,
und fassen Sie zuerst
mit der rechten Hand
eine Stuhllehne.

Setzen Sie sich mit lang
ausgestrecktem Körper auf einen
stabilen Stuhl. Die gestreckten
Arme einige Male nach hinten
federn lassen, dabei einatmen.

Dabei schwingen Sie den linken Arm zurück und beugen den Rücken. In den Knien federnd nachgeben und wieder aufrichten. Mit jedem Arm 10mal üben.

Liegen Sie richtig? Schlafen Sie gut?

Das sind zwei sehr wichtige Fragen. Denn nur wer richtig liegt, der schläft auch gut:
● Die Matratze soll nicht zu weich und nicht zu hart sein, wenn man eine gesunde Wirbelsäule hat.
● Hochgetürmte Kopfkissen und Matratzenteile hindern die Wirbelsäule daran, sich zu dehnen und zu entspannen. Außerdem beeinträchtigen sie, genauso wie alle Unebenheiten, die natürliche Schlafbewegung. Auf einer flachen Unterlage dreht sich der Körper im Laufe einer Nacht »in Raten« einige Male um sich selbst. Dadurch werden immer wieder andere Glieder und Organe entlastet und gut durchblutet.
● Auf ein normal dickes Kopfkissen sollten Sie nicht

verzichten. Das Kissen wärmt Kopf und Hals und polstert den Übergang von den Schultern zum Kopf. Ohne Kissen fällt der Kopf, wenn man auf dem Rücken liegt, so weit nach hinten, daß die Atmung behindert wird.
● Decken Sie sich immer warm zu. Sonst verkrampfen sich die Muskeln, und der Körper kann sich im Schlaf nicht entspannen. Er wird unterkühlt und braucht auch nach dem Aufwachen viel Energie, um wieder warm zu werden. Deckt man sich zu warm zu, befreit man sich im Schlaf von selbst von den Decken. Deshalb ist besonders für Strampler wichtig, einen Schlafanzug oder ein Nachthemd zu tragen.
● Durchschnittlich acht Stunden Schlaf braucht jeder Erwachsene. Dieser Schlaf besteht aus verschiedenen ineinander übergehenden Phasen, die nicht unterbrochen werden dürfen. Der besonders erholsame Tiefschlaf stellt sich erst nach einer Zeit des vorbereitenden, flacheren Schlafs ein.
● Zuviel Schlaf ist ungesund. Wer häufig über die normale Zeit hinaus schläft – oft aus Bequemlichkeit –, dem fällt es immer schwerer, den Zustand des

völligen Wachseins wieder zu erreichen, denn die Kreislaufaktivität ist im Schlaf auf ein Minimum gedrosselt. Geht das Schlafbedürfnis ständig über das normale Maß hinaus, braucht man unbedingt ärztliche Hilfe.

● Durch zu langes Schlafen bekommt man leicht verquollene Augen und ein aufgedunsenes Gesicht. Das liegt an der Durchlymphung der Haut, die im Schlaf gesteigert ist. Lymphe ist eine Gewebsflüssigkeit, die für den Stoffaustausch zwischen den Geweben wichtig ist. Erst im völligen Wachzustand wird die angestaute Flüssigkeit allmählich wieder normal verteilt.

● Schlafen Sie in einem dunklen Raum, denn Licht ist ein Sinnesreiz und stört den Schlaf. Dunkle Vorhänge oder dicht schließende Jalousien sollen jeden Lichtstrahl vom Einschlafen bis zum Aufstehen fernhalten.

● Lärm macht krank und stört den Schlaf – auch wenn es der Schläfer in den tieferen Schlafphasen nicht spürt. Jeder Lärm beeinträchtigt die Schlaftiefe, stört die Stoffwechselvorgänge, die normalerweise im Schlaf ablaufen, und irritiert das vegetative Nervensystem. Auf die Dauer kann das zu gesundheitlichen Störungen führen.

● Wer auf dem Bauch liegt, atmet tiefer als in der Rücken- oder Seitenlage, und die Wirbelsäule kann sich besser entspannen. Wer in der Bauchlage nicht einschlafen kann (im Schlaf liegt man zeitweise sowieso auf dem Bauch), sollte sich so zum Schlafen niederlegen:

Legen Sie sich entspannt auf die rechte Seite. Winkeln Sie das linke Bein und den linken Arm an, legen Sie den rechten Arm neben den Körper, und atmen Sie regelmäßig ein und aus.

● Genügend Schlaf ist eine Schönheitskur ersten Ranges. Der Körper regeneriert sich, die Zellen erneuern sich, und Stoffwechselschlacken werden entfernt. Die Haare und die Augen glänzen, die Haut strafft sich und hat einen gesunden Schimmer.

● Sie brauchen nicht unbedingt vor Mitternacht zu schlafen, um ausgeruht zu erwachen. Die Qualität des Schlafes hängt nicht von der Uhrzeit ab. Zum Beispiel schlafen Nachtarbeiter genauso erholsam am Tage, wenn sie in einem ruhigen, dunklen Raum liegen.

● *Vorsicht:* Essen Sie nicht unbedingt vor dem Schlafengehen, wenn Sie schlank bleiben oder werden wollen. Alle Kalorien, die der Körper vor seiner gewohnten Ruhezeit aufnimmt, werden für die Muskelarbeit nicht mehr gebraucht und wandern gleich ins Depot.

● Der Schlafraum soll gut durchlüftet sein und einen ausreichenden Sauerstoffgehalt haben, damit der Schlaf nicht verflacht. Nie zu kalt schlafen! Die ideale Temperatur liegt zwischen 17 und 20 Grad, 16 Grad sind bereits zu wenig. Ist das Zimmer zu kalt, hat der Organismus zuviel Arbeit, die normale Körpertemperatur einzuhalten; das stört den gesunden Schlaf.

Auch das ist wichtig, um gut zu schlafen:

● Keine zu engen Kleidungsstücke im Bett tragen.

Nicht mit Lockenwicklern ins Bett gehen, sie drücken immer, und man kann durch die Wickler mit Katererscheinungen aufwachen. Beschäftigen Sie sich vor dem Einschlafen nicht mit aufregenden Dingen, vergessen Sie Ärger und Sorgen. Die Gedanken, die einem durch den Kopf gehen, aktivieren das Weckzentrum im Gehirn ebenso wie Sinnesreize von außen.

● Vermeiden Sie vor dem Schlafengehen schweres Essen und Anregungsmittel wie Alkohol, Kaffee, schwarzen Tee, Nikotin. Und wirklich nur in dringenden Notfällen Schlaftabletten nehmen. Viel besser helfen die unten empfohlenen Gymnastikübungen. Sie lockern und entspannen vor dem Schlafengehen.

Übungen zum Einschlafen und für die richtige Schlaflage

Legen Sie sich ausgestreckt auf den Rücken, die Beine leicht grätschen, die Arme liegen etwas abgespreizt neben Ihrem Körper.

Alle Glieder sollen locker, nicht angespannt sein. Die Augen schließen. Atmen Sie tief durch die Nase ein und lange durch den Mund wieder aus. Die Luft soll mit Schsch-Lauten oder mit vielen ffffts entweichen. Den Unterkiefer herunterfallen lassen, dabei öffnet sich der Mund – und löst einen Gähnreiz aus, der Ihnen bei der Entspannung hilft. Denken Sie bei dieser Übung nur an diese Übung, und reden Sie lautlos zu sich selbst immer wieder »Ich bin ruhig, ganz ruhig und entspannt. Ich bin ruhig und entspannt. Meine Arme und Beine sind schwer, ganz schwer.«
Das hilft – man muß es nur üben.

Arme wieder strecken, tief einatmen und die Arme zur linken Seite schwingen. Je 5mal üben.

Legen Sie sich auf den Bauch, die Beine sind lang ausgestreckt. Jetzt 10mal abwechselnd mit der

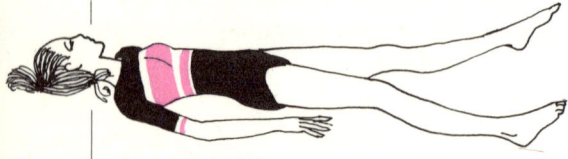

Mit geschlossenen Beinen gerade stehen und einatmen. Die Arme rechts am Körper vorbei nach hinten schwingen, sich dabei nach vorn beugen und ausatmen. Die

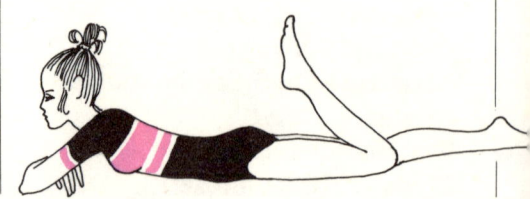

rechten und der linken Ferse auf den Po tippen. Dann 5mal mit beiden Fersen gleichzeitig.

Im Stand die Beine leicht grätschen, den Rücken strecken und die Arme seitlich ausstrecken. Tief einatmen. Jetzt den Oberkörper nach vorn fallen lassen, den Rücken rund machen und die lockeren Arme vor dem Körper kreuzen. Tüchtig ausatmen. 10mal üben.

Schütteln Sie im Sitzen oder im Stehen ganz locker die Arme und

Hände, Beine und Füße aus, so, als wollten Sie Wassertropfen von sich abschütteln.

Geradestehen, die Beine leicht grätschen und die Arme heben,

einatmen. Beide Arme entspannt
zum linken Bein fallen lassen und
ausatmen. Wieder aufrichten und
die Arme zum rechten Bein
führen. Je 5mal üben.

Mit Haltung aufstehen

Dehnen und strecken Sie sich
wohlig nach dem Aufstehen, und
gähnen Sie dabei ausgiebig.
Räkeln ist gesund, denn Atmung
und Durchblutung werden
dadurch angeregt. Finden Sie
dann immer noch nicht aus dem
Bett, turnen Sie einfach diese
sieben Übungen im Liegen durch.
Also: Fenster auf, und los geht's:

Gymnastik für Faule

Strecken Sie sich lang aus, und
winkeln Sie die Arme leicht vom
Körper ab. Das rechte Bein
soweit wie möglich gestreckt
hochschwingen und links vom
Körper wieder senken. Wippen
Sie dabei mit dem Bein einige

Male nach unten. Nach jeder
Seite 10mal üben.

Lang ausgestreckt liegen, die
Arme hinter dem Kopf

40

verschränken. Atmen Sie tief ein.
Beide Beine mit einem Schwung
anwinkeln, dabei die
Oberschenkel ganz nah an den
Körper bringen und ausatmen.
Beine langsam wieder gerade
ausstrecken. 10mal üben.

Spreizen Sie die Arme etwas ab
und ziehen beide Knie an. Jetzt

die geschlossenen Knie zusammen
nach rechts fallen lassen und tief
einatmen. Dann beide Beine in
der Mitte rasch hochstellen, Knie
wieder anziehen und die Beine
nach links fallen lassen. Je 10mal
üben.

Gerade liegen, die Arme zur Seite
strecken. Mit Elan beide Arme
und Beine gleichzeitig
hochschnellen lassen. Die
Fingerspitzen sollen dabei die
Zehen berühren. Der Kopf liegt
zwischen den Armen. 10mal
üben.

Locker und entspannt auf dem
Rücken liegen, die Arme sind

41

leicht abgespreizt. Die Beine etwas anheben, ganz gerade lassen und in der Schwebe kreuzen. Nicht absetzen, bevor Sie bis 30 gezählt haben.

Bleiben Sie auf dem Bauch liegen. Mit Schwung beide Arme nach hinten strecken und gleichzeitig die Beine hochwerfen. Mit den

Legen Sie sich auf den Bauch, und stützen Sie die Hände vorn auf. Jetzt den Oberkörper soweit wie möglich hochdrücken, der Kopf liegt dabei im Nacken. Immer bis drei zählen, dann sich wieder flach und ganz entspannt hinlegen. 10mal üben.

Händen die Fußgelenke greifen,
kurz festhalten und sich wieder
lang ausstrecken. 10mal üben.

Gymnastik für Sportliche

Wer morgens ganz rasch den
Kreislauf ankurbeln und in
Schwung kommen will, hat
mehrere Möglichkeiten. Suchen
Sie sich Ihre Methode aus:
● Nehmen Sie Wechselduschen,
mal länger warm, mal ganz kurz
kalt, immer mit kalt aufhören.
● Waschen Sie sich mit kaltem
Wasser und einem rubbeligen
Waschlappen von Kopf bis Fuß.
● Massieren Sie Ihren Körper
durch Trockenbürsten. Dabei mit
einer Körperbürste kreisförmig
von den Füßen aus jede
Körperpartie bis hinauf zu den
Armen bürsten. (Die weibliche
Brust wird nicht behandelt.)

Hier noch fünf Übungen gegen
die *Morgenmüdigkeit:*

Öffnen Sie das Fenster, und
atmen Sie tief durch. Jetzt die

Arme weit nach hinten schwingen.
Den Rücken dabei nach vorn
beugen und in den Knien tief
nachfedern. Richten Sie sich
wieder auf, stellen Sie sich dabei
auf die Fußspitzen und strecken
die Arme hoch über dem Kopf
aus. 20mal üben.

Legen Sie sich auf den Rücken,
die Arme liegen ausgestreckt

neben dem Körper. Tief
einatmen. Richten Sie sich mit
viel Schwung auf, umfassen ein
Knie, beugen es zum Körper und
atmen aus. Wieder hinlegen,
einatmen und beim schwungvollen
Aufrichten das andere Knie
umfassen. Je 7mal üben.

Legen Sie sich lang ausgestreckt
auf den Bauch. Die Arme

anwinkeln und die Hände
unterhalb der Schultern
aufstützen. Abwechselnd das
rechte und linke Bein gestreckt
hochschwingen, dabei den Kopf
hochheben und alle
Rückenmuskeln kräftig
anspannen. Mit jedem Bein
10mal üben.

Knien Sie sich auf den Boden und
setzen sich auf die Fersen. Mit

kräftigem Armschwung richten Sie
sich auf und neigen den
Oberkörper leicht wippend nach
links. Arme senken und sich
wieder auf die Ferse setzen.
Nach jeder Seite 10mal üben.

Legen Sie sich auf den Rücken,
die Arme liegen neben dem
Körper. Beide Knie anziehen und
rasch abwechselnd jeden

Unterschenkel aus dem
Kniegelenk hochschleudern. Je
20mal üben.

Vorsicht beim Bücken

Das ist gar nicht so einfach, denn
mancher hat durch falsches, steifes
Bücken schon Kreuz- und
Rückenschmerzen bekommen.
Typisch ist auch der plötzliche,
stechende Schmerz in der
Leistengegend, der berüchtigte
Hexenschuß, wenn man sich
wieder aufrichtet. Diesen
schmerzhaften Muskelkrampf
kann man durch Bettruhe und
manchmal auch durch ein heißes
Bad lösen.
Dabei ist das Bücken so einfach,
wenn man diese Hauptfehler
vermeidet:

● Niemals mit durchgedrückten
Knien, rundem Rücken und
hängendem Kopf sich nach unten
beugen oder gar eine schwere
Last aufheben. Schwindelgefühle
und Kopfschmerzen können die
Folge sein. Außerdem sieht dieses
Bücken ungeschickt und plump
aus.
● Niemals sich mit steifem
Rücken nach unten beugen oder
sich dabei gar seitwärts drehen.
Das kann weh tun – und man ist
schnell erschöpft.

Richtiges Bücken

Meist hebt man etwas vom Boden
auf, wenn man sich bückt. Bei
leichten Dingen bückt man sich in

kleiner Schrittstellung, also einen Fuß vor den anderen, mit locker gebeugten Knien nach unten. Der Arm ist dabei angewinkelt, der Rücken rund, und nur eine Hand hebt den Gegenstand vom Boden auf. Dieses Bücken kostet wenig Kraft und sieht anmutig aus – besonders bei kurzen Röcken! Bei schweren Lasten, zum Beispiel bei einem gefüllten Einkaufskorb, bückt man sich so: mit geschlossenen Beinen und rundem Rücken sich nach unten bücken. Die Knie beugen und die Last mit gestreckten Armen und beiden Händen anfassen und heben. Die Kraft muß von den Füßen aus durch den ganzen Körper in die Arme gehen.

Die Haltung trainieren

Legen Sie sich auf den Bauch, und strecken Sie die Arme nach hinten. Die Füße mit den Händen

umfassen und den Körper tüchtig spannen und tief einatmen. Die Füße wieder loslassen, den Körper lang ausstrecken und ausatmen. 10mal üben.

Legen Sie sich mit dem Rücken auf den Boden, ziehen Sie die

Füße nah an den Po, und atmen Sie tief ein. Das Becken vom Boden heben und die Bauchmuskeln kräftig anspannen, wieder ausatmen. 10mal üben.

Mit geschlossenen Beinen und gerader Haltung stehen. Ganz rasch in die tiefe Kniebeuge fallen und beide Hände auf den Boden

stützen. Mit den Knien locker nachfedern und wieder aufrichten. 10mal üben.

Tragen ohne Plage

Unwirtschaftlich setzen viele Frauen ihre Kräfte beim Tragen ein: Die schwere Einkaufstasche wird mit einer Hand geschleppt, die Hüfte rutscht hoch, die andere tief herab. Wenn Sie einmal gezwungen sind, eine Last mit einer Hand zu schleppen, dann bitte oft die Trageseite wechseln, damit sich die andere Seite erholen kann. Muskelkater ist sonst die harmloseste Folge!

Richtiges Tragen

Verteilen Sie die Lasten (Koffer, Taschen, Eimer, Körbe) gleichmäßig auf beide Arme, dann können Sie auch aufrecht und gerade gehen und ermüden nicht so rasch. Außerdem schonen Sie bei diesem Lastenausgleich Ihre Knie, Schienbeine – und die Strumpfhosen.

Hier drei Übungen, die Ihre Muskeln und die Balance trainieren:

Ein Kissen in beide Hände nehmen

und ein Bein einen Schritt weit vor das andere stellen. Das Kissen mit beiden Armen weit nach oben schwingen, dann den Rücken beugen und das Kissen nach rechts unten schwingen lassen. Jedesmal das Gewicht auf das andere Bein verlagern. Je 10mal üben.

Setzen Sie sich hin, und stemmen Sie sich zuerst mit der linken Hand vom Boden ab, die Beine bleiben gerade und geschlossen. Mit der rechten Hand ein Kissen weit über den Kopf schwingen und zurückführen. Wieder hinsetzen. Nach jeder Seite 7mal üben.

Stellen Sie sich mit gegrätschten
Beinen aufrecht hin, und strecken
Sie die Arme locker zur Seite. In
der einen Hand liegt ein kleines
Kissen, das Sie mit Schwung und
federnden Knien über Ihren Kopf
hinweg zur anderen Hand werfen.
Die Knie federn weich nach, und
das Kissen fliegt wieder zur
anderen Seite. 20mal üben.

Gymnastik für den ganzen Körper

In diesem Kapitel finden Sie gezielte Übungen gegen Ihre schwachen Punkte. Suchen Sie sich die Gymnastik heraus, die Sie am meisten brauchen. Fangen Sie immer mit den einfachsten Übungen an. Zwischendurch aber stets wieder für eine Lockerung des ganzen Körpers sorgen.

Schöne Arme,
lockere Handgelenke,
flinke Finger

Die Arme turnen zwar bei fast jeder Gymnastikübung mit, trotzdem sollten Sie ihnen noch ein Extra-Training gönnen.

Übungen für die Arme

1

Versuchen Sie einmal, die Ellenbogen kreisen zu lassen: Sie stützen zuerst die linke Hand locker gegen eine Wand, heben den Ellenbogen nach außen etwas

an und drehen ihn mit dem Unterarm rundherum. Dann mit dem rechten, ausgestreckten Arm üben. Wer den Bogen heraus hat, turnt diese Übung mit beiden Armen gleichzeitig, ohne sich an der Wand abzustützen. Je 12mal üben.

Beugen Sie sich nach vorn. Die Beine sind etwas gegrätscht, die Arme pendeln locker vor dem Körper. Jetzt schütteln Sie die Arme tüchtig aus: Von der Schulter bis zum Handgelenk müssen sich alle Muskeln dabei bewegen. Zählen Sie bis 50.

51

Legen Sie sich lang ausgestreckt auf den Bauch. Die Arme liegen neben dem Körper. Mit Schwung den Kopf und beide Arme hochheben und wieder senken. 10mal üben.

Die Hände zu Fäusten ballen und in Schulterhöhe nach vorn ausstrecken. Beide Arme abwechselnd 5mal schräg nach oben strecken und jedesmal herabfallen lassen, dann je 5mal seitwärts und zum Schluß 5mal hoch über den Kopf strecken. Die

Sie setzen sich auf den Boden und stützen die Hände mit den ganzen Flächen hinter sich auf. Die angezogenen Beine sind leicht gespreizt. Den Rücken geradestrecken und den Kopf dabei locker in den Nacken fallen lassen. 12mal üben.

Hände bleiben dabei zu Fäusten geballt. *Vorsicht:* Sie dürfen sich aber nicht verkrampfen! Nach jedem Strecken die Arme seitlich herunterfallen lassen.

6

Sie setzen sich mit geradem
Rücken auf den Boden und
verschränken die Beine zum
Schneidersitz. Heben Sie die
Ellenbogen in Schulterhöhe, und
legen Sie die Handflächen
gegeneinander, die Fingerspitzen
zeigen dabei zum Körper. Jetzt
mit den Händen einen Halbkreis
nach vorn und wieder zurück
beschreiben. Die Handflächen und
Finger bleiben fest aufeinander.
20mal üben.

Das tut Ihren Armen ebenfalls
gut:
● alle Ballspiele und Wurfspiele
● Klimmzüge, Reckübungen –
und Wäscheaufhängen!
● Hantelgymnastik und
Keulenschwingen
Und noch ein *Modetip:* Bei zu
dicken Oberarmen nie kurze
Ärmel oder ärmellose Kleidung
tragen. Der Oberarm wirkt

schlanker durch halblange oder
lange Ärmel.

Übungen für Handgelenke und Finger

Massieren Sie Handgelenke und
Finger täglich mehrmals. Am
besten machen Sie diese
unauffälligen Übungen nach
jedem Händewaschen beim
Eincremen. Das hält die Hände
geschmeidig und gelenkig.
Jede Woche sollten Sie sich eine
halbe Stunde für eine gründliche
Maniküre reservieren. Wichtig ist
eine gute Nagelfeile. Brüchige
Nägel müssen nicht sein. Es gibt
dagegen Spezialmittel zum
Aufstreichen und Dragees zum
Einnehmen, die empfindliche
Nägel stärken und härten.
Schützen Sie Ihre Hände bei
Schmutzarbeiten mit
Haushaltshandschuhen. Es gibt sie
auch aus ganz dünnem Material,
das Ihnen das Fingerspitzengefühl
bewahrt.
Wenn Sie mit Geduld und
Ausdauer folgende Hand- und
Fingerübungen machen,
bekommen Sie mit der Zeit
hübschere und beweglichere
Hände, die man gern vorzeigt:

Die Hände nebeneinander auf den Tisch legen und die Finger weit spreizen und wieder zusammenziehen. 12mal üben.

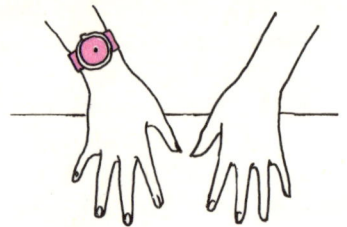

Im ganz schnellen Wechsel die Hände zur Faust ballen und weit spreizend wieder öffnen. 15mal üben.

Jeden einzelnen Finger in die Länge ziehen und dehnen, als ob

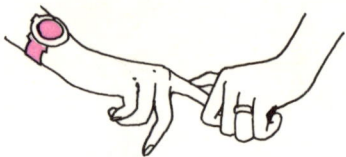

Sie sich einen Ring vom Finger streifen wollten. 3mal mit jedem Finger.

Stützen Sie im Sitzen die Ellenbogen auf einen Tisch. Eine Hand umfaßt das andere Handgelenk. Mit der geöffneten, umfaßten Hand große Kreise

rechtsherum und linksherum beschreiben. Dann das andere Handgelenk umspannen. Je 10mal üben.

Beide Arme nach vorn ausstrecken. Zuerst die kleinen Finger abspreizen, dann zwei und drei Finger, zum Schluß den Daumen abspreizen. Zählen Sie dabei langsam bis 30.

Die Arme mit den Ellenbogen aufstützen und die Hände aus den Gelenken heraus drehen. 15mal nach innen und 15mal nach außen.

Ellenbogen aufstützen und mit den Händen hin- und herwedeln, bis die Hände von den Fingerspitzen bis zu den Gelenken ganz locker und gelöst

sind. Mit dieser Übung können Sie auch müde Hände (z.B. vom Schreibmaschineschreiben) wieder elastisch machen.

Kopfverdrehen ist gut für Hals und Kinn

Mit den folgenden sechs Übungen gehen Sie gegen Ihre Fettpölsterchen an und erhalten sich den Hals lange beweglich und straff:

Legen Sie sich auf die Couch oder das Bett, und lassen Sie den Kopf

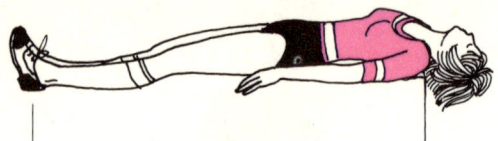

locker über die Kante
herunterhängen. Jetzt den Kopf
heben, mit dem Kinn ganz leicht
die Brust berühren und den Kopf
wieder hängen lassen. 10mal
üben.

Setzen Sie sich im Schneidersitz
auf den Boden, die Hände liegen
locker und entspannt auf den
Knien. Sie lassen den Kopf
baumeln und rollen ihn dann in
einem großen Kreis über die
rechte Schulter nach hinten und
über die linke Schulter wieder
nach vorn. Je 3mal nach rechts
und 3mal nach links üben.

Lehnen Sie sich mit dem Rücken
fest gegen eine Wand, die Arme
hängen an den Seiten herunter,
die Füße sind etwas gespreizt.

Nun abwechselnd mit der rechten
und der linken Wange die Wand
berühren. 10mal üben.

Kerzengerade stehen und die
Handflächen auf dem Rücken

gegeneinanderpressen. Das Kinn
auf die Brust fallen lassen, die
Arme dabei soweit wie möglich

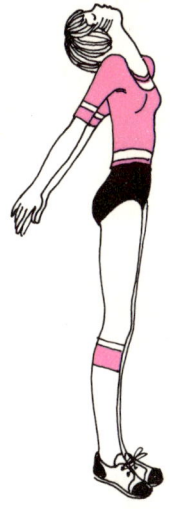

vorstrecken und laut O sagen.
Den Kopf zurücknehmen und laut
X sagen. 10mal üben.

nach hinten strecken. Dann den
Kopf in den Nacken legen und
dabei die Unterlippe über die
Oberlippe schieben. 8mal üben.

Legen Sie sich auf den Rücken,
und stützen Sie sich auf die
Ellenbogen, der Kopf ist hoch
erhoben, beide Knie sind
angezogen. Jetzt den Kopf nach
hinten fallen lassen und langsam
nach rechts und nach links wiegen.
Tief ein- und ausatmen. 10mal
üben.

Setzen Sie sich gerade auf einen
Stuhl. Die Arme in Schulterhöhe
anwinkeln und in jeder Hand
einen Ball oder einen Apfel
halten. Den Kopf energisch

Schöner Hals
und schlankes Kinn

● Die ersten Halsfalten kommen im Schlaf: Zu hohe Kopfkeile und aufgetürmte Kissen sind schuld. Schlafen Sie lieber flach, und lesen Sie nicht im Bett. Die Kopfhaltung beim Lesen begünstigt ein Doppelkinn.
● Pflegen Sie Ihren Hals genauso wie das Gesicht: mit Wasser und Seife, mit Reinigungsmilch und Gesichtswasser, mit Feuchtigkeitscreme und Nährcreme. Wenn die ersten Falten schon zu sehen sind, braucht Ihr Hals zusätzlich eine Spezialcreme.
● Halten Sie den Kopf hoch. Wer ihn hängen läßt, bekommt schneller Halsfalten und ein Doppelkinn. Massieren Sie den Hals mit der Nährcreme so: mit der rechten Hand am linken Brustansatz beginnen und aufwärts streichen bis unter das Kinn. Dabei den Kopf mit vorgestrecktem Kinn soweit wie möglich über die rechte Schulter drehen. Dann mit der linken Hand die rechte Halsseite massieren.
● Alle zwei bis drei Wochen können Sie Ihren Hals mit einer

durchblutungsfördernden oder glättenden Maske verwöhnen. *Vorsicht:* Auf die Halsmitte (Schilddrüse) darf kein Druck ausgeübt werden.

Halten Sie Schultern und Nacken beweglich

Wer locker und beweglich in den Schultern ist, hat auch eine gute Haltung – und braucht keine Angst vor einem Doppelkinn zu haben. Die einfachste Übung ist das Armkreisen, das Sie zwischendurch immer wieder machen sollten. Gut tut Ihren Schultern auch eine schnelle Knetmassage: mit der rechten Hand die linke Schulter- und Nackenpartie zentimeterweise durchkneten – und umgekehrt.

Ein Extratip: Breite Schultern kann man durch V-Ausschnitte und ungepolsterte Jacken und Mäntel kaschieren. Unbedingt vermeiden sollten Sie weite Ärmel, Puffärmel, schmale Kleiderträger sowie Pullis und Westen mit großen Ärmelausschnitten.

Schulter-Übungen

Sie fassen ein Handtuch an beiden Enden und stellen sich leicht

gegrätscht aufrecht hin. Mit gestreckten Armen das gespannte Handtuch ganz weit über den Kopf nach hinten und wieder nach vorn schwingen. 12mal üben.

Im Schneidersitz mit geradem Rücken sitzen und die Fingerspitzen auf die Schulterkuppen legen. Mit den Ellenbogen jetzt große Kreise vorwärts und rückwärts beschreiben. Je 15mal üben.

Stellen Sie sich mit ganz leicht gegrätschten Beinen aufrecht hin. Beide Arme über den Kopf heben, die eine Hand umfaßt das andere Handgelenk. Die Arme abwechselnd aus den Schultern heraus in kleinen kräftigen Rucken nach oben dehnen. Je 12mal üben.

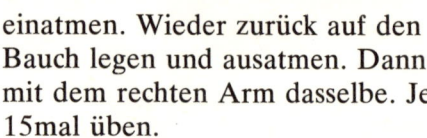

einatmen. Wieder zurück auf den Bauch legen und ausatmen. Dann mit dem rechten Arm dasselbe. Je 15mal üben.

5

Sie stehen aufrecht, die Beine sind leicht gegrätscht. Die rechte

4

Legen Sie sich auf den Bauch, Beine und Arme sind lang ausgestreckt. Jetzt den linken Arm hochheben und den Oberkörper mitdrehen, tief

Hand auf die Hüfte stützen und den linken Arm in einem hohen Bogen dreimal über den Kopf nach rechts federn. Der Oberkörper schwingt mit. Einatmen und mit der linken Hand dreimal zum linken Fuß federn und ausatmen. 10mal nach jeder Seite üben.

⑥

Setzen Sie sich gerade auf einen Stuhl – am besten vor einen großen Spiegel – und lassen die Arme an den Seiten locker baumeln. Im raschen Wechsel die linke Schulter nach vorn schieben, die rechte nach hinten und umgekehrt. Beim Wechseln immer die Schultern hochziehen, soweit es geht. Mit jeder Schulter 10mal üben.

Nacken-Übungen

Das Beste an den folgenden sechs Übungen ist, daß sie helfen, die Speckröllchen im Nacken verschwinden zu lassen.

Stellen Sie sich gerade hin, und grätschen Sie leicht die Beine. Fassen Sie nun mit beiden Händen einen Besenstiel und

legen ihn sich über den Nacken. Jetzt die Schultern locker auf- und abbewegen und den Besenstiel dabei über die Halswirbel wegrollen. 12mal üben.

Legen Sie sich lang ausgestreckt auf den Rücken. Die Arme liegen neben dem Körper. Die geschlossenen Beine über den

Körper schwingen, bis die Fußspitzen hinter dem Kopf den Boden berühren. Die Beine wieder zurückschwingen und langsam auf den Boden senken. 8mal üben.

Legen Sie sich bäuchlings aufs Bett und lassen den Kopf über die Bettkante hängen. Den Kopf

heben, bis er mit dem Körper eine Linie bildet. Den Kopf dreimal nach links und nach rechts drehen und wieder hängen lassen. 10mal üben.

Sie setzen sich gerade auf einen Stuhl und halten sich an den Sitzflächen fest. Den Kopf schön hoch halten und dann das rechte Ohr der rechten Schulter

annähern, soweit es geht, dann umgekehrt das linke Ohr der linken Schulter annähern. Je 8mal üben.

Stellen Sie sich gerade hin, die Beine sind leicht gegrätscht, die

Arme werden vor dem Körper ausgestreckt. Beide Handrücken aneinanderlegen, die Daumen weisen nach unten. Jetzt die Arme – mit den gestreckten

Ellenbogen! – nach oben, nach hinten und nach vorn schwingen. Zählen Sie dabei bis 30.

Stellen Sie sich mit leicht gegrätschten Beinen aufrecht hin, und legen Sie beide Daumen in die Achselhöhlen. Bewegen Sie die angewinkelten Arme in kleinen Rucken soweit wie möglich nach oben, ohne dabei die Schulter-Nacken-Partie zu verkrampfen.

So bleibt Ihr Busen in Form

Das müssen Sie unbedingt über Ihren Busen wissen:
Die Größe des Busens ist durch Erbanlagen bedingt und läßt sich nicht beeinflussen. Ob er groß oder klein ist, hängt allein von der Größe des Fettpolsters ab, das, von Bindegewebe durchsetzt, die Milchdrüse umhüllt.
Die Brüste haben in sich selbst fast kein Muskelgewebe und sind mit dem großen Brustmuskel nur durch feste Bindegewebsstränge verbunden. Erschlafft der große Brustmuskel, so beginnt sich auch die Brust zu senken. Die Busenhaut bestimmt entscheidend die Form des Busens mit. Vom Hautturgor, dem Spannungsgrad der Haut, hängt es auch ab, ob man einen hübschen Busen behält oder nicht.
Eine gut gepflegte Haut läßt die Brust auch dann elastisch und straff wirken, wenn sie sich vielleicht schon ein wenig gesenkt hat. Pflegen Sie die Busenhaut und das Dekolleté deshalb genauso sorgfältig wie Gesicht und Hals, morgens mit Feuchtigkeitscreme und wenigstens einmal oder zweimal in der Woche mit einer Nährcreme. Anstelle der Feuchtigkeitscreme können Sie auch eine Körpermilch verwenden. Streichen Sie die Creme vom Schlüsselbein aus in Richtung Busen ein. Die Brüste werden mit der flachen Hand von unten nach oben und dann in kreisenden Bewegungen eingecremt – aber nicht massiert!
Vorsicht: Der Busen darf beim Einreiben auf keinen Fall gezerrt oder sehr gedrückt werden.
Wer zuviel über seinen Büchern oder über der Schreibmaschine sitzt, sollte für sportlichen Ausgleich sorgen: Schwimmen, besonders Kraulen, Rudern und Paddeln (in Maßen), Übungen mit dem Medizinball, Volleyballspiele, Hantelgymnastik, Übungen mit der Bali-Nadel.
Auch Wechselgüsse und eine sanfte Bürstenmassage mit einer weichen Naturborstenbürste halten den Busen straff.
So macht man *Wechselgüsse:*
Richten Sie den Strahl der Handbrause erst auf die rechte, dann auf die linke Brust, und duschen Sie erst von unten nach oben und dann im Kreis herum.

64

Dreimal kalt und zweimal warm duschen; mit kalt anfangen und aufhören. Wer keine Handbrause hat, benutzt zwei kalte und heiße Waschlappen. Wechselgüsse sind das billigste und auch wirksamste Pflegemittel für die Brust. Wenn kaltes Wasser auf die warme Haut trifft, verengen sich die Adern schockartig, und das darunterliegende Gewebe wird durchblutet. Auch Kneippkuren und Nordseeklima fördern die Durchblutung und sind wirksame Schönheitsmittel.
Vorsicht: Vermeiden Sie Gewichtsschwankungen durch eine vernünftige eiweiß- und vitaminreiche, aber fett- und

kohlehydratarme Ernährung. Wer abnehmen will oder muß, sollte eine vernünftige Diät halten *(Brigitte Diät)* sowie intensive Busenpflege und Brustgymnastik treiben.
Zum Trost für alle, die keinen idealen Busen haben: Es gibt gute Büstenhalter, die Fülle vortäuschen oder zuviel davon wegmogeln – und denken Sie immer daran: Eine gute Haltung mit gelockertem Rücken und geraden Schultern läßt auch die Brüste schöner wirken.

Gymnastik für den Busen

Folgende Übungen sollen Ihnen helfen, einen schönen Busen zu erhalten oder ihn zu bekommen. Üben Sie immer ohne BH:

Gerade hinstellen, die Beine leicht spreizen. Balancieren Sie auf jeder Handfläche ein dickes Buch, und heben Sie die Arme in Schulterhöhe. Die Arme zusammen nach vorn strecken und

65

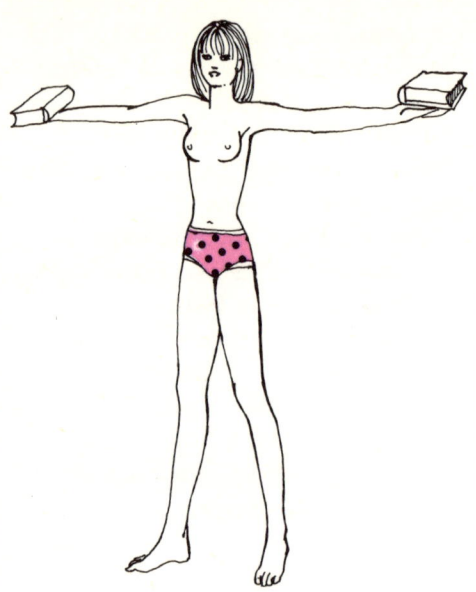

dann soweit wie möglich nach
hinten führen, ohne die Hände
sinken zu lassen. 10mal üben.

Sie legen sich ausgestreckt auf den
Boden und breiten die Arme in

Schulterhöhe aus. Jetzt die Arme
über der Brust kreuzen und
wieder ausbreiten. 15mal üben.

Gerade hinstellen, die Beine
leicht grätschen, die Knie
durchdrücken. Einen kleinen
schweren Gegenstand mit dem
linken gestreckten Arm zum
rechten Fuß und zurück über den
Kopf führen. 10mal üben. Dann
genauso oft den rechten Arm zum
linken Fuß führen.

Legen Sie sich ausgestreckt auf
den Rücken und lassen den Kopf

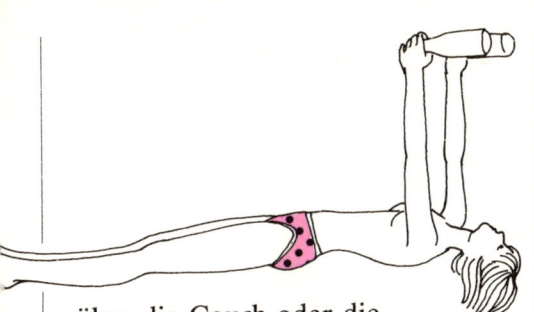

über die Couch oder die Bettkante hängen. In jede Hand eine Hantel oder eine mit Sand gefüllte Plastikflasche nehmen und ganz langsam mit gestreckten Armen hochstemmen. 15mal üben.

5

Im Sitzen oder Stehen: beide Unterarme vor der Brust anwinkeln und die Handflächen vor der Brust mit aller Kraft gegeneinanderdrücken und wieder loslassen. 30mal üben.

6

Gerade hinstellen. Beide Arme nach vorn ausstrecken und abwechselnd auf- und abschlagen. Erst langsam, dann immer schneller werden. 30mal üben.

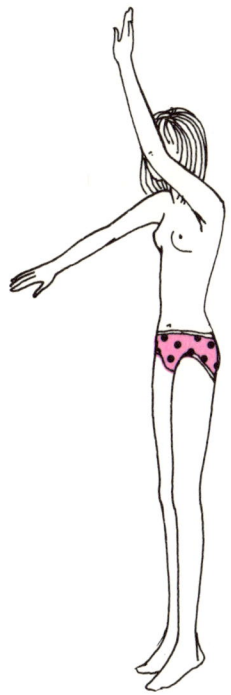

7

Knien Sie sich auf den Boden, und werfen Sie beide Arme

gleichzeitig nach oben. Einige
Male nach hinten federn, wobei
beide Brustmuskeln stark gedehnt
werden. Dann die Arme wieder
locker neben dem Körper
ausschwingen. 15mal üben.

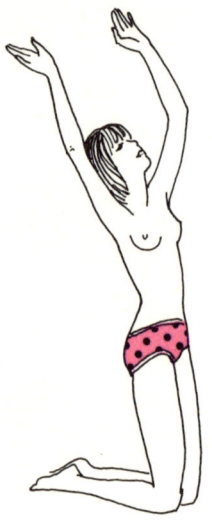

9

Legen Sie sich flach auf den
Bauch, und schieben Sie die Füße
unter ein schweres Möbelstück.
Tief einatmen und gleichzeitig den
Oberkörper anheben. Jetzt mit
den Armen tüchtig schwimmen.
Wenn Sie die Arme an den
Oberkörper heranziehen, atmen
Sie aus und senken den
Oberkörper wieder zum Boden.
10mal üben.

8

Knien Sie sich hin und führen erst
den rechten, dann den linken
Arm seitlich nach hinten und
schlagen den Arm dann mit
kräftigem Schwung nach vorn –
so, als wollten Sie eine Ohrfeige
austeilen. Je 7mal üben.

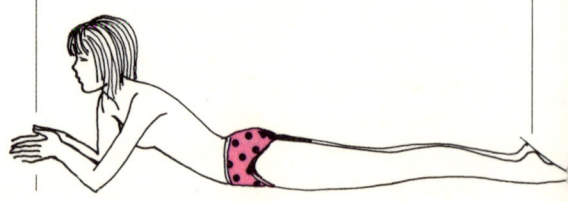

10

Setzen Sie sich im Schneidersitz auf den Boden, und strecken Sie beide Arme in Schulterhöhe nach vorn aus. Der Rücken bleibt kerzengerade! Schwingen Sie die Arme, ohne sie absinken zu lassen, nach hinten und wieder nach vorn. Sind die Arme hinten, federn Sie noch einmal kurz nach. 15mal üben.

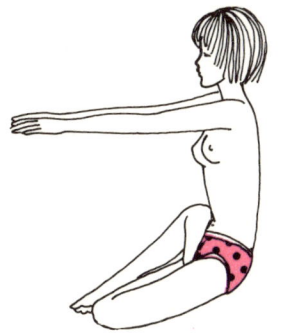

Das tut der Wirbelsäule und dem Rücken gut

Strecken und Dehnen, Armkreisen, Rumpfkreisen, die Beine zur Kerze in die Luft strecken, Kobolzschießen, Handstand und die berühmte Brücke – das alles sind bekannte Übungen, die den Rücken und die Wirbelsäule entspannen und beweglich machen. Hier finden Sie noch 10 weitere erprobte Übungen:

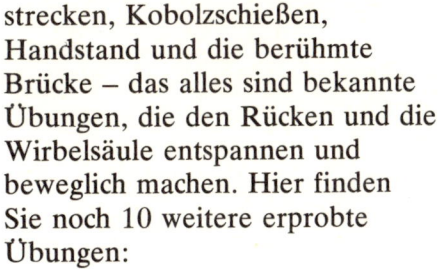

Legen Sie sich auf den Bauch, die Beine sind etwas gespreizt, der Kopf leicht angehoben. Die Arme seitlich ausstrecken, nach hinten führen und hinter dem Rücken kräftig in die Hände klatschen. Die Arme im weiten Bogen nach vorn schwingen und wieder in die Hände klatschen. 15mal üben.

Knien Sie nieder, legen Sie die Hände vor sich auf den Boden, und lassen Sie den Oberkörper und die gestreckten Arme langsam nach vorn rutschen. Den

Kopf heben und den Rücken strecken. Die Arme beschreiben in dieser Haltung einen großen Halbkreis von rechts nach links und zurück. Wieder in den Kniestand zurücksetzen. 10mal üben.

Legen Sie sich ausgestreckt auf den Rücken. Die Arme hinter dem Kopf ausbreiten, die Beine ganz gerade und gestreckt halten. Durch Anspannen der Rückenmuskeln den Oberkörper vom Boden hochstemmen. Der Kopf bleibt liegen. Einatmen, wieder langlegen und ausatmen. 10mal üben.

Unterarme. Jetzt den Oberkörper hochdrücken, auf die Hände stützen und dabei über die linke Schulter schauen. Tief einatmen. Langsam wieder zurück in die Bauchlage, ausatmen und beim nächsten Hochstemmen über die rechte Schulter gucken. Je 10mal üben.

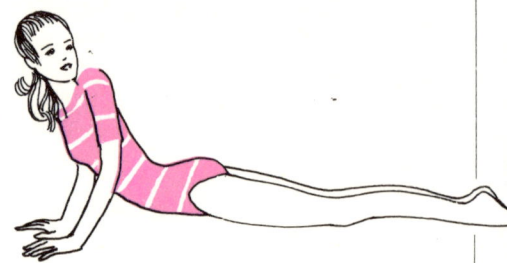

Setzen Sie sich mit gestreckten Beinen aufrecht auf den Boden.

Legen Sie sich auf den Bauch und stützen Sie sich auf die

Die Hände stützen Sie schräg hinter sich auf. Nun heben Sie das

Becken hoch und lassen dabei den Kopf nach hinten hängen. Rücken und Beine gerade durchstrecken und einatmen. Körper senken, wieder sitzen und ausatmen. 7mal üben.

Sie legen sich auf den Rücken, ziehen die Knie an und umfassen fest Ihre Beine. Schaukeln Sie jetzt auf dem Rücken – vom Nacken bis zum Po – auf und ab. Zählen Sie dabei bis 30.

Auf dem Boden knien und beide Hände in Schulterhöhe schräg nach links aufstützen. Dreimal tief federn und dabei ausatmen. Dann den Oberkörper und die Arme weit hochschwingen und

einatmen. Anschließend zur rechten Seite federn. Je 10mal üben.

Setzen Sie sich auf einen Hocker, und verschränken Sie die Hände im Nacken. Den Oberkörper nach rechts drehen und neigen, dabei mit dem linken Ellenbogen das angehobene rechte Knie berühren. Zu beiden Seiten 10mal üben.

9

Sie legen sich auf den Bauch und stützen sich mit den Armen ab. Der Kopf ist hoch erhoben. Die Beine sind geschlossen und lang ausgestreckt. Nun legen Sie den Kopf in den Nacken und machen einen hohlen Rücken, tief einatmen. Anschließend legen Sie sich flach auf den Boden und atmen langsam aus. 12mal üben.

10

Setzen Sie sich mit ausgestreckten, geschlossenen Beinen auf den Boden und verschränken die

Hände im Nacken. Jetzt den Oberkörper vorwippen lassen, bis der Kopf die Knie berührt. Richten Sie sich wieder zum geraden Sitzen auf, strecken Sie die Arme hoch in die Luft, und legen Sie sich lang auf den Rücken. Mit Schwung zum Sitzen hochkommen, die Hände im Nacken verschränken und wieder vorbeugen. 10mal üben.

Turnen Sie Ihr Hohlkreuz weg

Was nützt eine schlanke und ranke Figur, wenn man von der Seite wie ein Fragezeichen aussieht? Gar nichts! Eine schlechte Haltung, unkontrolliertes Gehen und Stehen und manchmal auch Muskelschwäche lassen das Becken zu dieser häßlichen Stellung herunterrutschen und ein rundes Bäuchlein sichtbar werden, das eigentlich gar nicht vorhanden ist. Kontrollieren Sie sich immer wieder, wie Sie stehen und gehen. Gegen das Hohlkreuz helfen diese täglichen Gymnastikübungen:

Sie knien sich auf den Boden und
stützen die Hände vorn auf.
Schleudern Sie zuerst das linke
Bein nach hinten hoch, heben
dabei den Kopf, und atmen Sie
ein. Dann den Kopf weit in den
Nacken legen und versuchen, mit
der gestreckten Fußspitze an
den Kopf zu tippen. Ausatmen.
Mit jedem Bein 10mal üben.

Wippen Sie in dieser
Stellung
locker auf und ab.
15mal üben.

2

Mit geschlossenen Beinen geradestehen, die Hände liegen auf dem
Po. Spannen Sie die
Gesäßmuskeln tüchtig an,
strecken das Becken vor und
heben die Fersen vom Boden ab.

3

Einatmen. Mit ausgestreckten
Armen und geschlossenen Beinen

73

geradestehen. Fallen Sie rasch in eine tiefe Kniebeuge, stützen Sie sich mit den Händen unten ab, und federn Sie einige Male nach. Der Rücken muß dabei ganz rund sein. Ausatmen und mit Schwung wieder hochkommen. 10mal üben.

Legen Sie sich flach auf den Rücken, die Arme liegen locker neben dem Körper. Mit Armschwung so weit aufrichten, bis Sie mit den Händen die Schienbeine berühren. Ausatmen. Ganz langsam zurücklegen, der Rücken soll dabei richtig abgerollt werden, den Körper wieder lang ausstrecken und einatmen. 10mal üben.

Legen Sie sich mit weit ausgebreiteten Armen flach auf

den Boden. Das linke Knie anziehen und gleichzeitig den Kopf zum Knie heben. Das rechte

Bein bleibt mit durchgedrücktem Knie auf dem Boden. Wieder hinlegen und mit dem rechten Bein turnen. Je 12mal üben.

Setzen Sie sich auf den Boden, und umfassen Sie mit beiden Armen fest die hochgezogenen Beine. Auch der Kopf soll an den Beinen liegen. In dieser Stellung wie eine Schaukel leicht hin und her wippen, ohne umzufallen. Bis 20 zählen.

Knien Sie sich auf den Boden, und stützen Sie beide Hände vorn auf, die Beine sind leicht gespreizt. Machen Sie einen richtigen runden Katzenbuckel und lassen den Kopf tief hängen.

Ausatmen und kräftig den Bauch einziehen. Bis fünf zählen und sofort das Kreuz durchhängen lassen, den Kopf anheben und einatmen. 15mal üben.

Taille war immer modern

Jeder Rock und jede Hose sitzen besser, wenn Sie eine schmale Taille haben. Grund genug, für eine schlanke, biegsame Taille zu sorgen. Sind Sie noch zu rundlich in dieser Gegend, tragen Sie

Kleider und Hosenanzüge mit langen Oberteilen, die Ihre Figur umspielen. Verzichten Sie auf Kleidungsstücke, die in der Taille gegürtet sind.
Dehnen und strecken Sie sich täglich ein paarmal tüchtig. Das entspannt den ganzen Körper und vertreibt die Taillenpolster.

Übungen für die Taille

Setzen Sie sich mit geschlossenen Beinen auf einen Hocker, und stemmen Sie die Arme auf die Hüften. Mit dem Oberkörper große Kreise beschreiben. Erst rechtsherum, dann linksherum. Je 10mal üben.

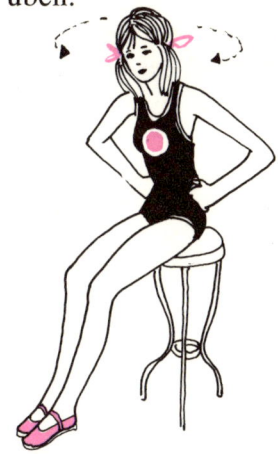

Legen Sie sich auf den Boden, die
Beine leicht grätschen, die Arme
hinter dem Kopf ausstrecken.
Recken Sie sich mit gestreckten
Fußspitzen, als wollten Sie länger
werden. Dann abwechselnd das
linke und rechte Bein aus der
Hüfte heraus kräftig nach oben
schwingen. Je 15mal üben.

Beide Beine gleichzeitig nach
links über den Bücherstapel
werfen und dabei die Arme zur
rechten Seite schwingen und
umgekehrt. Je 10mal üben.

3

Sie stapeln einige Bücher
übereinander auf dem Boden und
setzen sich mit ausgestreckten
Beinen daneben. Strecken Sie die
Arme in Schulterhöhe nach vorn.

4

Die Beine grätschen und die
Hände im Nacken verschränken.
Die Ellenbogen zurückdrücken,
den Oberkörper nach vorn
beugen und den Kopf gerade
halten. Mit durchgedrücktem
Rücken den Oberkörper einen
Halbkreis nach links und rechts
beschreiben lassen. 10mal üben.

Nehmen Sie in jede Hand einen
gleich schweren Gegenstand und

stellen sich mit gegrätschten
Beinen aufrecht hin. Die Arme
über den Kopf heben und den
Oberkörper abwechselnd nach
jeder Seite soweit wie möglich
dehnen. Je 12mal üben.
Zur Erholung nach diesen
Taillenübungen: Hüpfen Sie mit
geschlossenen Beinen über ein
Springseil vor und zurück.
50mal.

an und legen die Fußsohlen
gegeneinander. Die Hände über
dem Kopf falten. Beugen Sie nun
den Oberkörper so tief wie
möglich nach vorn, wippen leicht
nach und kommen wieder hoch.
Der Kopf bleibt bei dieser Übung
zwischen den Armen. 12mal
üben.

Setzen Sie sich auf den Boden,
ziehen Sie die gegrätschten Beine

Sie setzen sich auf den Boden, die
Beine sind lang ausgestreckt, die
Hände liegen auf den Schultern.

Beugen Sie sich zur linken Seite, und versuchen Sie, den Boden mit den Ellenbogen anzutippen. Kurz nachwippen, wieder hochkommen und zur anderen Seite üben. Die Knie bleiben gestreckt! Je 10mal üben.

Ein schlanker, flacher Bauch

Ein rundes Bäuchlein findet man nur bei Babys niedlich, bei Erwachsenen wirkt es leicht plump und läßt auf mangelnde Elastizität seines Besitzers schließen. Tun Sie rechtzeitig etwas, damit aus dem Bäuchlein nicht ein richtiger Bauch wird. Wenn auch straff sitzende Miederhöschen einige Pfunde geschickt wegmogeln, zeichnen sich doch allmählich mehr oder weniger dicke Fettröllchen ab. Oder wollen Sie sich etwa in einen Korsettpanzer pressen, der das Atmen erschwert und die Bewegungen einschränkt? Stärken Sie lieber Ihr natürliches Muskelmieder durch Spezialübungen – und halten Sie, wenn nötig, eine strenge Diät.

Übungen für den Bauch

Legen Sie sich flach auf den Rücken und verschränken die Arme im Nacken. Richten Sie sich nur mit dem Oberkörper langsam zum Sitzen auf und rollen den Körper genauso langsam wieder zurück. Wer es nicht gleich schafft, darf die Füße unter einen

Schrank oder unter einen Sessel schieben, das hilft! Beide Beine bleiben bei dieser Übung gerade ausgestreckt. 10mal üben.

Setzen Sie sich auf den Boden, und stützen Sie die Arme seitlich neben sich auf. Klemmen Sie ein Kissen – oder einen Ball – zwischen die Füße und heben es

78

mit gestreckten Knien auf und ab, so hoch Sie können. 20mal üben.

 3

Stellen Sie sich aufrecht hin, die Arme hängen locker an den Seiten. Ziehen Sie jetzt den Bauch so kräftig ein, als sollte er an die Wirbelsäule gedrückt werden. Bis zehn zählen und die Bauchmuskeln wieder entspannen.

Diese unsichtbare Übung können Sie auch im Sitzen und im Liegen machen. 12mal üben.

Legen Sie sich auf den Bauch, und umspannen Sie beide Füße mit den Händen. Den Oberkörper anheben und den Kopf locker in

den Nacken legen. Schaukeln Sie jetzt auf Ihrem Bauch vor und zurück. Je öfter Sie üben, um so leichter wird es. 15mal wiederholen.

5

Stellen Sie sich mit dem Rücken aufrecht gegen eine Wand. Die Füße stehen

senkrecht und gerade in die Luft
strecken und im Zeitlupentempo
wieder zurück auf den Boden
senken. Erst langsam üben, dann
schneller werden. 10mal üben.

Legen Sie sich wieder auf den
Rücken und spreizen leicht die
Beine. Die Arme liegen weit
ausgebreitet auf dem Boden.
Heben Sie beide Beine
gleichzeitig etwa zehn Zentimeter
über den Boden an, und lassen
Sie sie gegeneinander in der Luft

nebeneinander. Abwechselnd das
linke und rechte Bein anwinkeln
und die Knie in rascher Folge bis
zur Brust ziehen. Je 12mal üben.

kreisen. Beine wieder senken,
eine kleine Atempause einlegen
und die Beine in
entgegengesetzter Richtung
kreisen lassen. Je 15mal üben.

Legen Sie sich mit ausgestreckten
Beinen auf den Rücken, die Arme
liegen neben dem Körper. Mit
Schwung beide Knie anwinkeln,
zur Brust ziehen, die Beine

Versuchen Sie sich im Cancan:
Geradestehen, beide Arme zur

dann das Bein zu einem Zwischenschritt auf den Boden senken und nun das gestreckte Bein nach vorn schleudern, wieder ein Zwischenschritt und wieder das Knie im Hüpfen anziehen. Mit jedem Bein 20mal üben.

Gegen mollige Hüften kann man etwas tun

Die Fettpölsterchen weichen nicht von heute auf morgen. Ein eisernes Training gehört dazu. Holen Sie den alten Hula-hoop-Reifen hervor, und lassen Sie ihn zwischendurch immer wieder um Ihre Hüften kreisen. Haben Sie noch eine alte Twistplatte? Dann tanzen Sie danach – auch das ist Hüftgymnastik.
Zu breite Hüften, die nicht durch überflüssige Pfunde, sondern vom Knochenbau her gegeben sind, werden durch Gymnastik zwar nicht schmaler, aber beweglicher. Das bewirkt einen beschwingten Gang und eine schöne, aufrechte Haltung.
Tragen Sie tiefangesetzte Faltenröcke und weitgeschnittene Oberteile zu Röcken und zu

Seite ausbreiten und jetzt abwechselnd jedes Bein vor dem Körper anwinkeln und graziös kreisen lassen. Mit jedem Bein 10mal rechtsherum und 10mal linksherum üben. Dann: beide Hände auf die Hüften stützen, auf der Stelle leicht hüpfen und ein Bein erst angewinkelt hochziehen,

langen Hosen. Blusen- und
Kleideroberteile dürfen nie zu
knapp, zu eng und zu schmal
sitzen. Sie brauchen oben
Volumen, um die Proportionen
auszugleichen.

Übungen für die Hüften

Halten Sie sich mit der rechten
Hand an einer Wand fest, und
stehen Sie aufrecht mit
erhobenem Kopf. Jetzt das
gestreckte linke Bein dreimal im
hohen Bogen über eine
Stuhllehne schwingen. Umdrehen
und das rechte Bein schwingen,
während die linke Hand
abgestützt wird. Je 5mal üben.

Setzen Sie sich auf den Boden.
Mit Schwung stützen Sie sich auf
die rechte Hand und strecken die
geschlossenen Beine zur linken
Seite aus. Der linke Arm schwingt
hoch. Dann mit der linken Hand
den Körper abstützen und die
Beine nach rechts strecken. Je
7mal üben.

Legen Sie sich auf den Boden,
und breiten Sie die Arme weit

aus. Die geschlossenen Füße anziehen und die ebenfalls geschlossenen Knie einmal nach rechts, dann nach links auf den Boden fallen lassen. Je 10mal üben.

Knie mit der Hand festhalten, weit zur Seite führen und wieder zurückholen. Das Standbein bleibt gestreckt. Mit jedem Bein 10mal üben.

Sie knien sich hin und strecken die Fußspitzen aus. Die Arme nach vorn heben. Setzen Sie sich mit Elan rechts neben die Fersen, kommen schwungvoll wieder zum Knien und setzen sich anschließend links neben die Fersen. Je 10mal üben.

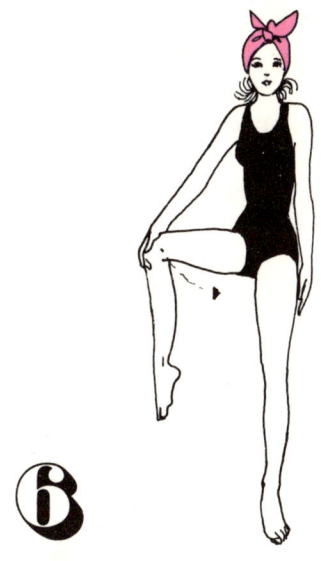

Nun stellen Sie sich aufrecht hin und ziehen ein Knie hoch. Die Fußspitzen dabei schön gerade nach unten strecken. Jetzt das

Knien Sie sich hin, und stützen Sie die Hände vor dem Körper auf. Strecken Sie ein Bein gerade nach hinten, und führen Sie es im

großen Bogen nach vorn und wieder zurück. Mit jedem Bein 10mal üben.

Sie setzen sich auf den Boden, die Beine sind leicht gegrätscht, die Hände stützen schräg hinten den Körper ab. Jetzt abwechselnd ein Bein heben und eine große Acht beschreiben. Das andere Bein liegt dabei gestreckt auf dem Boden. Mit jedem Bein 10mal üben.

Setzen Sie sich auf Ihre Fersen, und stützen Sie sich mit den Händen hinten auf. Die Arme sind ganz gestreckt, während Sie Bauch- und Beckenmuskeln

anspannen. Schieben Sie die Hüften nach vorn, so daß Sie ein Hohlkreuz haben. Den Kopf locker in den Nacken fallen lassen. Zählen Sie langsam bis drei, und setzen Sie sich wieder auf die Fersen. 8mal üben.

Stellen Sie sich gerade hin, grätschen Sie die Beine weit, und beugen Sie den Oberkörper nach vorn, bis die Hände den Boden

berühren. Stützen Sie sich unten ab, und wippen Sie mit den Hüften abwechselnd nach rechts und links, als wollten Sie mit Ihren Hüften ein schweres Möbelstück fortschieben. Nach jeder Seite 15mal üben.

Sie stellen sich gerade hin und stützen beide Hände auf die Hüften. Die Füße sind geschlossen. Abwechselnd die Hüften nach rechts und links kräftig herausstoßen. Schulter und Kopf sollen sich nicht mitbewegen. Je 10mal üben.

Weg mit dem gepolsterten Po

Er macht vielen Frauen Kummer, weil meist nur nach seinem Umfang die ganze Figur als »schlank« oder »dick« eingestuft wird. Nach dem herrschenden Schönheitsideal darf der Po mit dem Becken die Taillenweite nur etwa 25 Zentimeter übersteigen – wenn die Proportionen noch stimmen sollen. Doch ganz gleich, ob Sie diese Messungen anerkennen oder für eine individuelle Proportion sind: Ein dicker Po ist weder gesund noch hübsch.

Übungen für einen straffen Po

Setzen Sie sich mit leicht gegrätschten und lang ausgestreckten Beinen auf den

Boden, und verschränken Sie die
Hände im Nacken. Halten Sie den
Oberkörper ganz gerade. Das
rechte und das linke Bein
abwechselnd aus der Hüfte
vorschieben und dabei langsam im
Zimmer vorwärts und wieder
zurück rutschen. Zählen Sie bis
30.

2

Sie legen sich flach auf den
Rücken und strecken beide Arme
nach hinten aus. Die Füße werden
angezogen, die Bauch- und
Beckenmuskeln angespannt und
der Po vom Boden abgehoben.
Ausatmen. Das Becken wieder
senken, entspannen und
einatmen. 10mal üben.

Setzen Sie sich mit geschlossenen,
ausgestreckten Beinen gerade hin,
die Arme sind in Schulterhöhe
locker ausgestreckt. Jetzt die Knie
anziehen, nach links beugen und
dabei das Gewicht auf die linke

3

Laufen Sie auf der Stelle, und
lassen Sie die Fersen kräftig am
Po anschlagen. 50mal üben.

Sitzfläche rollen. Einatmen.
Setzen Sie sich wieder gerade hin,
strecken Sie die Beine lang, und
atmen Sie aus. Die Knie wieder
anziehen, nach rechts beugen
und nach rechts abrollen.
Je 12mal üben.

5

Legen Sie sich auf die rechte
Seite, den rechten Arm geradestrecken. Die linke Hand vor
dem Körper auf den Boden
stützen. Das linke Bein weit nach
oben schwingen und dabei
einatmen. Das Bein senken, mit
dem ganzen Körper auf den
Rücken rollen, ausatmen und nun
das rechte Bein hochschwingen
und wieder zurückrollen. Je
12mal üben. Wenn diese Übung
Sie zu sehr anstrengt, üben Sie
am Anfang nur 6mal nach jeder
Seite.

Stellen Sie sich aufrecht hin, die
Arme hängen locker an den
Seiten. Spannen und entspannen
Sie jetzt kräftig die
Gesäßmuskeln. 50mal üben.

Schöne Beine

Auch Sie können eine schöne
Beinform bekommen durch
regelmäßige Gymnastik, durch
richtige Schuhe und Strümpfe –
und durch ein paar Tricks, die
Ihre schwachen Stellen geschickt
kaschieren.
Dünne Beine bekommen mehr
Form durch Kniestrümpfe, durch
ganz dicht gewirkte Strümpfe und
sportliche Strick-Strumpfhosen.
Vermeiden Sie helle, hautfarbene,
pudrige und schmal längsgestreifte
Strümpfe. Alle anderen Farben
sind geeignet für dünne Beine.
Günstig: sportliche Schuhe mit
Laschen- oder Spangenverzierung,
niedrige und breite Absätze,
fersenfreie Slingpumps. Junge
Mädchen dürfen gern einen
Minirock tragen, reifere Damen

greifen bei dünnen Beinen besser zu einem knapp das Knie bedeckenden Rock. Auf keinen Fall zu weite, bauschige Röcke tragen, sie lenken durch den Kontrast den Blick zu sehr auf die Beine. Lange Hosen sollten unten immer ausgestellt sein.

Übungen bei dünnen Beinen

Stellen Sie sich auf die Zehenspitzen, die Arme werden gerade nach vorn ausgestreckt, um

das Gleichgewicht zu halten. Nun die Knie beugen und sich langsam nach unten bewegen. Kommen Sie ganz langsam wieder hoch – immer noch auf den Zehenspitzen –, und strecken Sie die Arme über den Kopf hoch in die Luft. Diese Übung so lange turnen, bis sie mit graziöser Leichtigkeit geschieht. Machen Sie diese Kniebeugen erst 5mal, und steigern Sie sie allmählich auf 30mal und mehr!

Setzen Sie sich gerade hin, und umfassen Sie mit beiden Händen die linke Fußsohle. Jetzt das linke Bein ganz gerade durchstrecken. Ausatmen und das Bein senken. Federn Sie einmal mit dem Rücken vor, richten sich wieder auf, und atmen Sie tief ein. Jetzt das rechte Bein durchstrecken. Nicht aufgeben, wenn die Übung nicht auf Anhieb klappt. Man muß sich erst gelenkig turnen, ehe sich der sichtbare Erfolg einstellen kann.

Laufen Sie auf der Stelle, und schlagen Sie 10mal hintereinander mit den Fersen an den Po, dann die Knie im Laufschritt nach vorn hochziehen. Je 10mal üben.

Übungen bei dicken Beinen

Formlose Beine brauchen Bewegung, Bewegung, Bewegung.

Laufen Sie deshalb jede Treppe 'rauf und 'runter, der Lift ist für Sie tabu. Laufen Sie auf der Stelle, turnen Sie die gleichen Übungen, die auch Mädchen mit dünnen Beinen turnen sollen. Diese *Modetips* sind wichtig: Sie dürfen keine Söckchen und Kniestrümpfe tragen! Gerippte und längsgestreifte Strümpfe geben den Beinen mehr Form. Die Schuhe sollten tief ausgeschnitten sein und mit Schleifen, Laschen oder Schnallen verziert sein, das ist vorteilhaft für unproportionierte Beine. Schuhe und Sandalen mit Knöchelbändern sind streng verboten. Die Rocksäume sollten höchstens knapp über den Knien enden oder das halbe Knie bedecken. Günstig sind lange, gerade geschnittene Hosen. Hier drei Spezialübungen:

Hüpfen Sie auf der Stelle: Mit dem rechten Bein etwas nach links hüpfen und dabei das linke Bein leicht anwinkeln. Die Arme schwingen locker nach links. Dann auf dem linken Bein hüpfen, die

Arme pendeln dabei nach rechts.
Je 30mal üben.

Sie legen sich hin und
verschränken die Arme hinter
dem Kopf. Beide Beine
anwinkeln und den rechten

Unterschenkel 20mal senkrecht
hochschleudern und wieder gegen
den Oberschenkel fallen lassen.
Jetzt mit dem linken Schenkel
20mal üben.

Legen Sie sich ausgestreckt auf
den Rücken, und fahren Sie in
der Luft, ganz flach über dem
Boden, Rad. Dabei auf der Hüfte
von rechts nach links und wieder
zurückrollen. Nach jeder fünften
Beinbewegung tief durchatmen.

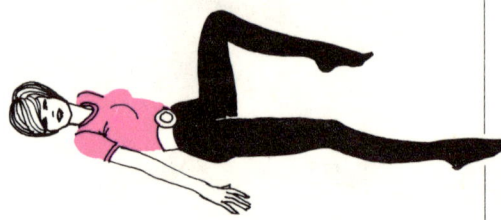

**Übungen bei formlosen
Knien**

Dicke Knie sind kein großes
Problem, wenn sie nicht gerade
mit dicken Oberschenkeln
verbunden sind. Achten Sie auf
richtiges Sitzen (Seite 33).
Stellen Sie beim Sitzen die Füße

90

stets etwas seitwärts, und halten
Sie die Beine zusammen. Die
Füße dürfen Sie übereinanderschlagen, aber niemals die
Oberschenkel.
Dunklere Strumpffarben machen
dicke Knie schlanker.
Kniestrümpfe und lange Socken
sind ungünstig. Alle Schuhformen,
die einen kleinen Blickfang haben
– entweder zweifarbig, anders-
farbige Schuhbänder oder Spangen-
schuhe –, lenken den Blick von
den Knien ab. Der Saum sollte
genau unterhalb des pummeligen
Knies enden. Nur ganz junge
Mädchen dürfen Mini tragen.
Shorts machen plump, günstiger
sind ausgestellte Hosen und
Bundhosen.

2

Setzen Sie sich auf den Boden,
und stützen Sie die Hände hinten
auf. Beide Beine dicht über dem
Boden abwechselnd beugen und
lang ausstrecken. Je 20mal üben.

1

Legen Sie sich ausgestreckt hin.
Ziehen Sie die Beine an, die Füße
stehen etwa zehn Zentimeter
auseinander. Jetzt Knie und Beine
zusammenklatschen. 30mal üben.

3

Machen Sie einen normal großen
Schritt, und bleiben Sie in dieser

Stellung stehen. Jetzt beide Arme gleichzeitig vor- und rückwärts pendeln lassen und dabei in den Knien nachhaltig, aber locker mitfedern. 50mal üben.

Lehnen Sie sich gegen eine Wand. Ein Bein heben und anwinkeln. Den Unterschenkel erst 20mal rechts-, dann 20mal linksherum

kreisen lassen. Die Fußspitze schön gerade ausstrecken. Dann das Standbein wechseln.

Übungen bei dicken Oberschenkeln

Dicke Oberschenkel wirken schlanker in dunklen Strümpfen und unter Röcken, die ein dickes Knie bedecken. Bei schönen Knien darf der Rocksaum knapp darüber enden. Schuhe mit hohen, aber derben und breiten Absätzen strecken die Oberschenkel. Ungünstig sind kurze und lange Stiefel! Bei Shorts oder Badeanzügen darauf achten, daß der Beinausschnitt gerade ist. Weitgeschnittene Hosen und ausgestellte Röcke kaschieren zu dicke Oberschenkel. Üben Sie fleißig einen aufrechten und anmutigen Gang – und gehen Sie regelmäßig zur Massage.

Knien Sie sich hin. Beide Arme nach vorn ausstrecken. Jetzt setzen Sie sich zuerst nach rechts

neben den Beinen auf den Boden,
erheben sich wieder auf die Knie
und setzen sich dann nach links.
Die Arme schwingen dabei immer
in die entgegengesetzte Richtung.
Je 12mal üben.

Legen Sie sich auf den Bauch,
und falten Sie die Hände auf dem
Rücken. Die Fesseln überkreuzen

heben. Die Beine in der Luft
soweit wie möglich spreizen und
zusammenschlagen. Beine
schließen und wieder senken.

sich. Jetzt die gestreckten Beine
heben, so hoch wie möglich, und
wieder zum Boden senken. 20mal
üben.

Setzen Sie sich auf den Boden,
und stützen Sie sich hinten seitlich
mit den Händen ab. Beine lang
ausstrecken und sie bis etwa 60
Zentimeter über den Boden

Knien Sie sich auf den Boden, die
Beine sind geschlossen, die Arme
hängen locker an den Seiten
herunter, und der Oberkörper ist
gestreckt. Jetzt den Oberkörper
weit nach hinten neigen und
wieder nach vorn ziehen. Der
Rücken bleibt bei der Übung
kerzengerade.

Übungen bei kurzen Beinen

Kurze Beine, besonders kurze Unterschenkel, lassen Körper und Beine leicht plump erscheinen. Den Knochenbau kann man zwar nicht ändern, aber es gibt viele Möglichkeiten, die Beine länger und die Knie optisch höher erscheinen zu lassen. Alle Längsstreifen und -muster strecken die Beine. Ob Sie Perlonstrümpfe oder sportliche, gestrickte Strümpfe tragen: niemals zu dunkle Farben wählen! Besonders kurze Beine müssen tadellos gepflegt und enthaart sein. Lassen Sie die Farben von Strümpfen und Schuhen übereinstimmen, das verlängert die Beine optisch. Auch tief ausgeschnittene Schuhe und hohe Absätze kaschieren kurze Beine. Bei schlanken Beinen darf man kurze Röcke tragen. Bei molligeren Beinen soll der Rocksaum entweder direkt über den Knien oder knapp darunter enden. Bermuda-Shorts sind ungünstig, kurze Shorts und geradegeschnittene, knappsitzende Hosen günstig.
Folgende vier Übungen geben den Waden und den Beinen im ganzen Form:

Heben Sie beide Arme über den Kopf, und stellen Sie sich auf die Zehenspitzen. Strecken Sie Ihren Körper so hoch und ausgiebig wie möglich. In dieser Haltung mit ganz kleinen Schritten quer durch das Zimmer hin- und hergehen. Die Knie bleiben immer durchgedrückt.

Das linke Bein mit der Fußspitze auf einen Stuhl stellen und das

Knie beugen, das andere Bein
lang ausstrecken. Beide Arme in
Schulterhöhe ausbreiten. Jetzt
abwechselnd das Standbein und
das hochgestellte Bein beugen
und wieder strecken. Das
Standbein wechseln. Je 20mal
üben.

schwingen. Drehen Sie sich um
und schwingen das rechte Bein. Je
20mal üben.

3

Halten Sie sich mit der rechten
Hand an einer Stuhllehne fest.
Ganz geradestehen und das linke
Bein gestreckt und locker nach
vorn und nach hinten pendeln
lassen. Dabei mit der Fußsohle
über den Boden schleifen. Das
Bein immer höher und höher

4

Die Beine leicht grätschen und
den Oberkörper nach unten
beugen. Mit den Handflächen den
Boden berühren, nachwippen und
sich wieder gerade aufrichten. Die
Knie bleiben immer ganz
durchgedrückt.

Übungen bei starken Knöcheln

Starke Knöchel werden durch hartnäckiges Training schlanker. Natürlich sind die Stärke der Knochen und der Speck um die Knöchel unterschiedlich, deshalb sind dem Erfolg der Gymnastik auch Grenzen gesetzt. Aber wenn es auch langsam geht: starke Knöchel lassen sich tarnen. Dunkle Strumpffarben und streckende, längsverlaufende Linien geben dicken Fußgelenken eine bessere Form. Waden- und Kniestrümpfe sind allerdings tabu. Weitausgeschnittene Pumps sind günstig, ebenso höhere Absätze und Stiefel mit Absätzen. Sie dürfen kurze Röcke tragen, wenn die Beine sonst schlank sind. Ideal sind lange Hosen und kurze Shorts, niemals aber Hosenröcke und Bundhosen, sie betonen nur noch mehr den kleinen Schönheitsfehler.

Lassen Sie die Füße kreisen! Das geht auch während des Zeitungslesens und beim Fernsehen. Drehen Sie zehn Kreise mit dem rechten Fuß nach rechts und zehn Kreise nach links. Dann mit dem linken Fuß Kreise nach rechts und links beschreiben.

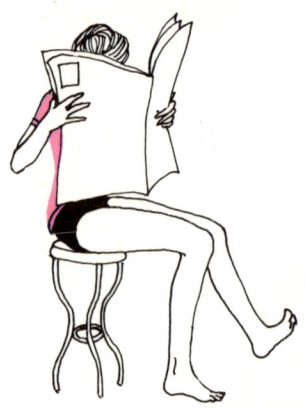

Anschließend mit beiden Füßen gleichzeitig nach rechts und nach links kreisen. Üben Sie so oft und häufig wie möglich.

Stützen Sie beide Hände gegen eine Wand, spreizen Sie leicht die Beine, und stellen Sie sich auf die Fußspitzen. Jetzt erst mit der rechten Ferse, anschließend mit der linken Ferse möglichst weite

die Luft. Die Hände liegen als Kissen unter dem Kopf. Füße abwechselnd oder gleichzeitig nach vorn kippen und wieder strecken. 50mal üben.

Sechs weitere Übungen für schöne Beine

Kreise ziehen. Die Zehen bleiben bei dieser Übung immer fest auf dem Boden. Je 10mal üben.

1

3

Sie legen sich auf den Rücken und heben beide Beine senkrecht in

Stellen Sie sich aufrecht hin, strecken Sie die Arme über den Kopf, und falten Sie die Hände. Der Kopf fällt locker in den Nacken. Heben Sie abwechselnd das rechte und das linke Bein mit viel Schwung, so hoch es geht. Beide Beine bleiben dabei durchgedrückt. Je 6mal üben.

Nun legen Sie sich flach auf den Boden und heben beide Beine senkrecht in die Luft. Halten Sie das rechte durchgedrückte Bein mit beiden Händen fest. Senken Sie das linke, bis in die Fußspitzen gestreckte Bein langsam zu Boden. Je 8mal üben.

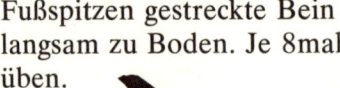

Legen Sie sich flach auf den Boden, und fassen Sie mit der

rechten Hand den linken Fuß. Die linke Hand legen Sie auf das linke Knie. Versuchen Sie jetzt, das linke Bein durchzudrücken. Dabei mit der linken Hand etwas nachhelfen. Das rechte Bein und die Hüften bleiben am Boden. Je 7mal üben.

Lehnen Sie sich mit dem Rücken gegen eine Wand. Das linke Bein hochheben, gerade strecken und dann das rechte Bein beugen, so

tief es geht. Kommen Sie wieder hoch, ohne das Gleichgewicht zu verlieren, und üben Sie wieder von vorn. Je 5mal üben.

Stützen Sie sich mit der rechten Hand gegen eine Wand. Das linke Bein strecken und in Hüfthöhe heben. Das Knie muß dabei nach außen zeigen. Das angehobene Bein abwechselnd beugen und strecken. Der Oberkörper bleibt gerade und aufrecht. Je 7mal üben.

Stellen Sie sich gerade hin und legen Sie ein Bein gestreckt auf einen Stuhl oder eine Tischkante.

Die Hände über den Kopf strecken, sich mit dem Oberkörper über das gestreckte Bein neigen und leicht nachwippen. Je 7mal üben.

Das können Sie außerdem noch für Ihre Beine tun:

Fahrrad fahren, Treppen steigen, rudern, seilspringen, schwimmen, skilaufen, Schlittschuh laufen, reiten, Tennis spielen, alle Laufspiele mitmachen und – tanzen Sie täglich einmal nach Ihrer schnellsten Lieblingsplatte allein durch das Zimmer.
Lassen Sie auch beim Fernsehen die Füße und Beine kreisen und in der Luft radfahren.

Gepflegte Füße

Täglich einmal sollten Sie Ihre Füße trainieren. Mit gelockerten Fußgelenken und beweglichen Zehen gehen Sie viel graziöser – und Ihre Füße halten mehr aus. Zum Fuß-Training gehört auch die Fußpflege:

● Tragen Sie täglich einige Stunden lang Gymnastiksandalen, die es in orthopädischen Geschäften und Schuhläden gibt. Die Innenseiten dieser Sandalen sind so geformt, daß Sie bei jedem Schritt eine Greifbewegung mit den Zehen machen müssen. Das Laufen in den Sandalen regt die ermüdeten Fuß- und Beinmuskeln an. Diese Sandalen ohne Strümpfe tragen!

● Gehen Sie öfter barfuß durch die Wohnung. Besonders günstig und erholsam für die Füße ist das Barfußlaufen über Wiesen und Sandwege. Und mit festem Schuhwerk über Stock und Stein.

● Tragen Sie täglich frische Strümpfe und wechseln Sie die Schuhe. Wer viel steht, oder wer rasch müde Füße bekommt, sollte die Schuhe mehrmals am Tag wechseln.

● Außerdem drückt fast jeder Schuh an irgendeiner Stelle. Durch regelmäßigen Schuhwechsel vermeiden Sie also Druckstellen, Hühneraugen und Hornhaut.

● Beim täglichen Füßewaschen müssen Zehen, Fersen und Sohlen mit einer Bürste kräftig abgerubbelt werden. Die Füße gut abtrocknen und mit einer Fußcreme oder Körperlotion einreiben.

● Müde und leicht geschwollene Füße können Sie zwischendurch wieder munter machen durch eine leichte Dusche mit Fußspray. Sprühen Sie auch etwas Spray in die Schuhe.

● Gegen kalte Füße und rote harte Stellen an den Fersen helfen Wechselbäder: Zwei Eimer mit soviel Wasser füllen, daß es bis über Ihre halbe Wade reicht. Die Wassertemperatur im ersten Eimer soll 38–42 Grad, im zweiten 15–20 Grad haben. Die Füße drei bis fünf Minuten in das warme Wasser stellen, und die Zehen während des Bades ständig bewegen. Dann werden die Füße für knapp 20 Sekunden in das kalte Wasser getaucht. Diesen Vorgang fünfmal wiederholen. Das Wechselbad immer mit kaltem Wasser beenden.

● Legen Sie sich statt der

üblichen Bademette eine
Gymnastikmatte mit Noppen vor
das Waschbecken. Sie massiert die
Füße und sorgt für eine gute
Durchblutung, während Sie sich
waschen oder zurechtmachen.
● Für die Pediküre zu Hause
brauchen Sie jede Woche eine
halbe Stunde Zeit und diese
Geräte: Watte, Holzstäbchen,
Nagelhautentferner, Pinzette,
Nagelknipser, Metallfeile,
Sandpapierfeile, Hautzange,
Körperlotion oder Fußcreme,
Papiertücher, gegebenenfalls
Nagellack und
Nagellackentferner.

Gymnastik für die Füße

Setzen Sie sich auf einen Stuhl,
heben Sie mit den Zehen einen
Bleistift vom Boden auf und
lassen ihn wieder fallen.
Abwechselnd mit dem linken und
rechten Fuß üben. Greifen Ihre
Zehen noch nicht genug zu,
trainieren Sie erst einmal mit
einem Taschentuch, das die Zehen
aufheben sollen.
Je 10mal üben.

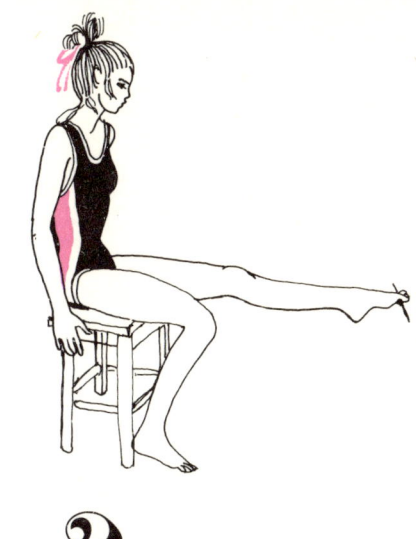

Nun sitzen Sie mit angezogenen
Beinen auf dem Boden und
stützen sich mit den Armen ab.
Rollen Sie zwischen den
Fußsohlen einen Tennisball hin
und her. 30mal üben.

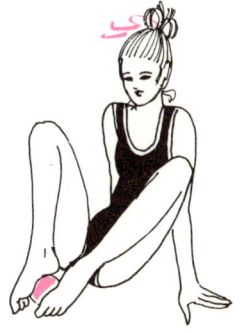

hinter dem Körper auf. Ganz langsam einen Ball mit den Füßen hin- und herrollen. Die Beine dabei ganz anziehen und langsam wieder ausstrecken. Je 15mal üben.

3

Gerade hinstellen und die Hände auf die Hüften stützen. Die Füße sind geschlossen und die Knie durchgedrückt. Jetzt abwechselnd je ein Knie so weit anwinkeln, daß nur die Zehen auf dem Boden bleiben. Je 15mal üben.

5

Zur Entspannung: Setzen Sie sich auf einen Hocker, und umfassen Sie ein Fußgelenk fest mit beiden Händen. Die Fußmuskeln entspannen und den Fuß richtig ausschütteln. Je 5mal.

4

Setzen Sie sich auf den Boden, und stützen Sie die Hände seitlich

6

Laufen Sie barfuß durch das Zimmer. Erst auf den Fußspitzen,

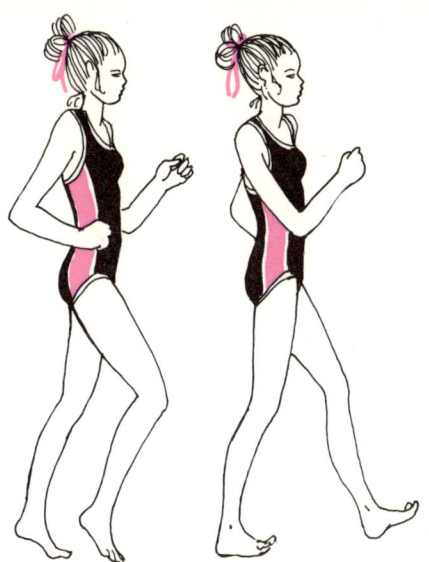

zusammenpressen, die Füße dabei kräftig nach rechts und links auseinanderspreizen. 10mal üben.

Spielen Sie mit den Zehen eine schnelle Tonleiter, immer auf und ab. Anschließend die Achillessehne von der Ferse bis zur Wade kräftig nach oben und unten ausstreichen. Je 10mal.

dann auf den Fersen. Laufen Sie so schnell und so lange wie möglich.

Die Zehenspitzen anziehen, als wollten Sie den Fuß zur Faust ballen, anschließend die Zehen weit auseinanderspreizen. Je 10mal.

Legen Sie sich auf den Rücken, die Arme liegen etwas abgespreizt neben dem Körper. Beide Beine gebeugt anheben. Die Knie und die Fußgelenke fest

Jeden einzelnen Zeh mit den Fingern auf- und abbiegen. Dann jeden einzelnen Zeh bewegen. Das geht besser, wenn man die anderen festhält.

Können Sie das noch?

Wann haben Sie das letztemal Gymnastik gemacht? In der Schule oder vor einigen Jahren? Vielleicht noch nie? Prüfen Sie mit diesen Übungen erst einmal Ihre Beweglichkeit.

Wenn Sie die Testübungen nicht auf Anhieb schaffen und aus der Puste kommen, finden Sie jeweils drei Trainingsanleitungen, die Sie so lange probieren können, bis die Testübungen klappen. Mit diesen abwechslungsreichen Grundübungen lernen Sie Gymnastik, Sie bringen Ihren Körper in Schwung und bekommen ein angenehmes, ausgeglichenes Körpergefühl.

● Wiederholen Sie jede Trainingsübung 15mal
● Turnen Sie mit Schwung – aber nicht mit zuviel Kraft
● Ruhen Sie sich zwischendurch immer wieder aus
● Üben Sie täglich, ganz gleich zu welcher Tageszeit

Testübungen mit Trainingsprogrammen

A

Test: Legen Sie sich flach auf den Bauch. Die Arme zurückwerfen und gleichzeitig die Beine hochwerfen. Sofort die

Fußknöchel fangen und umspannen. Wippen Sie vor und zurück.

1. Training: Sie legen sich auf den Bauch und stützen die Hände vor den Schultern auf. Drücken Sie den Oberkörper soweit wie möglich hoch. Dann legen Sie sich wieder flach auf den Boden.

2. Training: Wieder auf den Bauch legen. Das rechte Knie

anwinkeln und den Unterschenkel mit der rechten Hand, dann den linken Unterschenkel mit der linken Hand fassen. Stützen Sie sich mit dem jeweils freien Arm auf dem Boden ab.

3. Training: Wieder Bauchlage. Jetzt die Unterarme aufstützen und die beiden Unterschenkel immer wieder weit nach oben federn lassen. Zwischendurch legen Sie sich flach hin und entspannen sich.

B

Test: Erproben Sie mal mit dem rechten, mal mit dem linken Bein Ihre Balance. Das Standbein durchdrücken, das ausgestreckte Bein waagerecht nach hinten hochheben, die Arme zur Seite ausbreiten. Nicht wackeln!

1. Training: Stellen Sie sich mit geschlossenen Beinen hin, heben Sie die Arme mit Schwung zur Seite und neigen Sie den Oberkörper vor. Wieder

aufrichten und beide Arme gerade in die Luft strecken.

2. Training: Wieder mit geschlossenen Beinen stehen, das rechte Bein schwingt nach hinten, der linke Arm nach oben. Bein und Arm wieder senken und mit dem linken Bein und dem rechten Arm üben.

unten federn. Die Beinstellung rasch wechseln und wieder federn.

C

Test: Setzen Sie sich mit nach oben ausgestreckten Armen auf den Boden, und rollen Sie sich langsam zum Liegen zurück. Gleichzeitig die gestreckten Beine heben und mit den Fußspitzen

3. Training: Gehen Sie in die Hocke und stützen Sie die Arme vorn auf. Das linke Bein anwinkeln und vorschieben, das rechte Bein ausgestreckt nach hinten führen und jetzt tief nach

hinter dem Kopf auf den Boden tippen. Ganz langsam den Körper wieder über die Rückenwirbel abrollen und geradesitzen.

1. Training: Legen Sie sich auf den Rücken, ziehen Sie die Knie zum Körper, und heben Sie die Sitzfläche vom Boden ab. Kurz

ausstrecken und wieder von vorn üben.

3. Training: Setzen Sie sich auf den Boden. Beide Arme hochstrecken und ein Knie anziehen. In dieser Stellung langsam nach hinten rollen und wieder hochkommen zum Sitzen.

verharren und den Körper wieder Wirbel für Wirbel abrollen. Die Arme liegen ausgestreckt neben dem Körper.

2. Training: Wieder Rückenlage. Die Knie zum Oberkörper ziehen und die Beine zu einer Kerze hochschnellen lassen. Langsam abrollen. Die Beine flach

Abwechselnd mit dem rechten
und mit dem linken Bein üben.

D

Test: Mit beiden Händen auf den
Boden stützen und ein Bein nach
dem anderen hochschwingen. Wer
es noch kann: einen perfekten
Handstand machen, entweder frei
oder an einer Wand.

senken. Dann die Arme ganz
durchdrücken und den Kopf dabei
in den Nacken legen.

2. Training: Wieder knien, Sie
stützen sich mit den Händen ab
und drücken die Arme durch.
Dabei die Knie vom Boden heben
und abwechselnd die Beine nach
hinten hochschwingen.

1. Training: Knien Sie sich auf
den Boden, und stützen Sie sich
vor dem Körper mit beiden
Händen ab. In den Armen leicht
einknicken, dabei den Oberkörper

3. Training: Sie gehen in die
Hocke und stützen sich mit den
Händen ab. Nun mit beiden

Händen vorwärts greifen und mit den leicht abgeknickten Beinen nachhüpfen. Immer schneller werden.

E

Test: Legen Sie sich mit weit ausgebreiteten Armen flach auf den Rücken. Klemmen Sie ein Kissen zwischen die Füße, heben

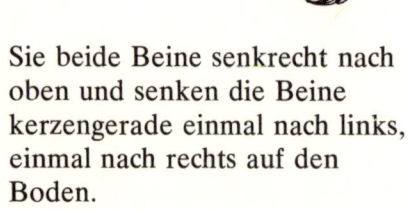

Sie beide Beine senkrecht nach oben und senken die Beine kerzengerade einmal nach links, einmal nach rechts auf den Boden.

1. Training: Wieder auf den Rücken legen und das Kissen zwischen die Füße klemmen. Die gestreckten Beine langsam vom Boden heben und wieder senken.

2. Training: Wieder in der Rückenlage beide Beine hochstrecken und einmal das

linke, dann das rechte
durchgedrückte Bein soweit es
geht erst nach rechts, dann nach
links senken und wieder heben.

3. *Training:* Jetzt turnen Sie die
Testübung ohne Kissen zwischen
den Füßen. Achten Sie darauf:
beim Beinheben tief ausatmen
und beim Senken wieder
einatmen.

Wahren Sie Ihr Gesicht

Spätestens ab Dreißig sollten Sie Gesichtsgymnastik in Ihr tägliches Schönheitsprogramm aufnehmen. Klare Konturen und weniger Falten sind das Ergebnis, wenn Sie die kleine Mühe auf sich nehmen.

Lachen, Sprechen, Essen – das alles formt im Lauf der Jahre Ihr Gesicht. Muskeln, die kaum bewegt werden, erschlaffen: Wer beispielsweise wenig lacht, hat gute Aussichten, Hängebäckchen zu kriegen. Wer ständig die Stirn in Denkerfalten legt, wird mit dreißig schon tiefe Furchen haben. Dagegen hilft eine ständige Kontrolle (z. B. Spiegel auf dem Schreibtisch) Ihrer eigenen Mimik – und *Gesichtsgymnastik.*
Richtig angewandt, entspannt sie überbeanspruchte Muskeln und strafft, was zu wenig trainiert wird.

1. Üben und atmen

Jede der Übungen soll sechs Sekunden dauern. Das heißt: Muskel anspannen, tief einatmen und die Luft anhalten. Dabei langsam bis sechs zählen. Danach ausatmen und entspannen. Lernen Sie zunächst, alle diese Übungen zu beherrschen. Dazu brauchen Sie etwa drei Wochen Trainingszeit. Danach beginnt erst die richtige Gesichtsgymnastik: Jede der Übungen zweimal

wiederholen, bevor Sie mit der nächsten beginnen. Auch die Reihenfolge der Übungen ist wichtig, damit Sie keine Gesichtspartie vergessen. Beginnen Sie immer mit den Übungen für die Stirn, beenden Sie Ihr Programm mit den Halsübungen. Kontrollieren Sie sich im Spiegel. Trainieren Sie am besten morgens und abends vor dem Spiegel.

2. Gegen Stirnfalten

Wer die Stirn runzelt, setzt seine Stirnmuskeln in Bewegung. Ergebnis dieser häufigen, unbewußten Muskeltätigkeit: Querfalten auf der Stirn, aber auch – durch das gleichzeitige

113

Hochziehen der Augenbrauen – weitgeöffnete, große Augen. Wer ohne Stirnfalten große Augen haben will, sollte diese Übung machen: Legen Sie die Finger fest über die Augenbrauen, und versuchen Sie, gegen diesen Widerstand die Brauen hochzuziehen. Sechs Sekunden lang. Das Hochziehen geht natürlich nicht, denn den Muskel halten Sie ja fest. Er wird angespannt, ohne daß sich die Haut faltet. Sinn der Übung: Der Stirnmuskel wird gekräftigt, die Braue gehoben, die Augen weit geöffnet.

3. Gegen die Zornfalte

Für die steile Falte über der Nase, die dem Gesicht einen konzentrierten, aber auch einen

zornigen Ausdruck geben kann, ist ein Muskel namens »Augenbrauenrunzler« verantwortlich. Gegen diese Falte können Sie sich nur wehren, wenn Sie sich gar nicht erst angewöhnen, die Augenbrauen zusammenzuziehen. Schon vorhandene Falten sind kaum zu beseitigen, aber die tägliche Muskelentspannung glättet und verhindert, daß die Falte noch tiefer wird: Streichen Sie immer, wenn Sie gerade daran denken, sanft mit leichtem Druck mit den Fingerspitzen von der Nasenwurzel ausgehend bis weit über die Brauen. Mit der linken Hand nach links, mit der rechten nach rechts.

4. Gegen Querfalten über der Nase

Schon entstandene Querfalten über der Nase sind kaum noch zu glätten, aber zu mildern: Massieren Sie ganz sanft fächerförmig mit den Fingerspitzen von der Nasenwurzel über eine Augenbraue und die Stirnmitte

zur anderen Augenbraue. Mit jeder Hand einmal von links nach rechts und von rechts nach links streichen.

5. Gegen Augenfältchen

Rund um die Augen liegt der Augenringmuskel, der beim Schließen oder Öffnen des Auges, aber auch beim Blinzeln, in Aktion tritt. Wird er zu wenig betätigt, erschlaffen der Muskel und die darüberliegende Haut. Andererseits bringen zuviel Blinzeln und Augenkneifen Krähenfüße und Fältchen. Die Gymnastik für die Augenumgebung beginnt mit einer *Vorübung:* zuerst sechs Sekunden lang blinzeln, dann einfach die Augen kräftig zusammenkneifen, wieder sechs Sekunden lang. (Das üben Sie 8 bis 14 Tage lang einmal täglich, um sich der Tätigkeit des Augenringmuskels bewußt zu werden.)

Dann die Haut an den Schläfen mit den Fingern fest andrücken und gegen diesen Widerstand versuchen, sanft zu blinzeln. Die Fingerspitzen immer um einen Zentimeter auf dem Jochbeinrand zum inneren Augenwinkel hin versetzen, fest andrücken und gegen den Widerstand versuchen, sanft zu blinzeln. Anschließend wieder an den Schläfen mit dem Festhalten der Haut beginnen und die Augen zusammenkneifen.

Fingerspitzen dabei wieder etwa bis zur Augenmitte auf dem Jochbeinrand versetzen.

6. Gegen Hängebäckchen

Drei verschiedene Muskeln sind für die Form Ihrer Wangen verantwortlich. Die beste Übung für deren Straffung: Lachen Sie, und ziehen Sie die Mundwinkel dabei soweit wie möglich nach oben. Sechs Sekunden lachen, dann entspannen und das Ganze noch zweimal wiederholen.

7. Gegen Mundfältchen

Sagen Sie sechs Sekunden lang »O«, und streichen Sie dabei sanft mit den Händen von der Mund-Nasen-Falte aus zu den Ohren hin. Mund zur Entspannung schließen (Lippen nicht zusammenpressen) und die Übung nach mindestens sechs Sekunden zweimal wiederholen.
Zur Vermeidung der kleinen strahlenförmigen Fältchen um den Mund: Spannen Sie Ober- und Unterlippe straff über die Zähne. Sechs Sekunden lang entspannen und zweimal wiederholen.

Und denken Sie daran: Auch die beste Gymnastik hilft nichts, wenn Sie unbewußt immer die Mundwinkel nach unten ziehen.

8. Gegen ein Doppelkinn

Jetzt wird es schwierig: Legen Sie einmal beim Sprechen die Finger unter das Kinn, dann spüren Sie einen Muskel, der fest wird. Spannen Sie diesen Muskel an. Dabei wird auch die Kehle mit angespannt. Nun legen Sie den Kopf mit dem angespannten Muskel langsam in den Nacken, das soll sechs Sekunden dauern. Muskel entspannen und den Kopf auf die Brust fallen lassen. Diese Übung zweimal wiederholen.

9. Gegen Halsfalten

Wer immer den Kopf gesenkt hält, bekommt rasch Halsfalten oder eine häßliches Doppelkinn. Dagegen hilft diese ausgleichende

Dehnungsübung, die den Unterkieferrand, den gesamten Hals und die Haut des Halses strafft: In dieser Haltung den Kopf ganz langsam in 6 Sekunden bis zur einen Schulter drehen – den Kopf dabei immer ganz aufrecht halten – und in 6 Sekunden wieder zurückdrehen. Dann die ganze Übung noch einmal zur anderen Schulter hin wiederholen. Diese Dehnungsübung dauert also insgesamt 24 Sekunden, erst dann dürfen Sie sich entspannen.

Vorsicht: Diese Übung sollten Sie nur machen, wenn Sie ganz allein sind, weil man dabei nicht besonders attraktiv aussieht.

Viel Sitzen macht mollig und träge

... wenn man nichts dagegen tut, zum Beispiel eine erholsame Ausgleichsgymnastik betreibt. Für die folgenden Lockerungsübungen haben Sie überall und jederzeit Gelegenheit.

Sitzen Sie jetzt gerade wieder? Dann stehen Sie gleich auf und laufen einigemal kräftig auf der Stelle. Diese Aufforderung ist ernst gemeint. Man sitzt im Auto oder in der Bahn, den ganzen Tag am Schreibtisch und am Abend vor dem Fernseher. Wer viel sitzt und nichts für sich tut, kann Kopfschmerzen oder noch viel Schlimmeres bekommen: verspannte Nackenmuskeln, Bandscheibenschäden, Haltungsschäden, Zirkulationsstörungen an Armen und Beinen, Muskelschwäche durch zu wenig Bewegung und Verdauungsstörungen durch falsche Körperhaltung. Bewegen Sie sich deshalb so oft Sie können, und sorgen Sie außerdem für diese Bedingungen an Ihrem Arbeitsplatz:

● Kontrollieren Sie immer wieder, ob Sie geradesitzen. Sorgen Sie für eine stützende Rückenlehne und lesen Sie am besten noch einmal das Kapitel über das richtige Sitzen (Seite 33). Die gesündeste und am wenigsten ermüdende Haltung ist das aufrechte Sitzen – und das kann man üben durch ständige Selbstkontrolle, bis es zur Gewohnheit geworden ist.

● Unterbrechen Sie Ihre Schreibtischarbeit öfter, damit Nacken, Schultern und Rücken gar nicht erst ermüden können.

● Sorgen Sie dafür, daß die Stuhl- und Tischhöhe gerade richtig für Ihre Körpergröße ist. Nicht mit übereinandergeschlagenen Beinen sitzen.

● Schützen Sie Ihren Rücken vor Zugluft. Sorgen Sie für ausreichende Beleuchtung am Arbeitsplatz. Schalten Sie Lärmquellen aus, und lüften Sie oft den Raum und atmen frische Luft tief ein und aus.

Lockerungsübungen am Arbeitsplatz

Diese Übungen können Sie zwischendurch in zwei, drei Minuten machen, um elastisch zu bleiben:

Lehnen Sie sich zurück, die Arme locker an den Seiten hängen lassen, der Kopf fällt entspannt

119

nach vorn. Tief ein- und ausatmen und langsam den Kopf kreisen lassen.

Lassen Sie die Füße und die Beine unter dem Schreibtisch kreisen.

Beide Schultern gleichzeitig heben und senken, dann nach hinten und vorn kreisen lassen. Die Arme gehen locker dabei mit.

Abwechselnd die linke und die rechte Schulter anheben und wieder fallen lassen.

Beide Arme zur Seite ausbreiten und zurückfedern, so daß die

Schulterblätter gegeneinander stoßen.

Gehen Sie mit lockeren Knien und großen Schritten durch den Raum, hüpfen Sie von einem Bein auf das andere, und machen Sie Schlußsprünge (mit geschlossenen und gestreckten Beinen auf der Stelle springen) mit halber oder ganzer Drehung.

Gymnastik bei Sitzberufen

Turnen Sie diese acht Übungen morgens oder abends. Wichtig ist, daß Sie zehn Minuten lang intensiv üben:

Geradestehen und die Arme seitwärts ausbreiten. Mit dem rechten Bein zuerst einen Kreisschwung um eine Stuhllehne

die Lehnen loszulassen. Die Beine geradestrecken und ein Bein nach hinten hochheben, ausatmen. Holen Sie das Bein langsam wieder nach vorn, und setzen Sie sich hin. Je 10mal üben.

machen. Dabei mit dem Standbein auf der Stelle hüpfen. Nach dem Schwung das Bein durch zwei bis drei Trippelschritte entspannen, und schon fliegt das andere Bein über die Stuhllehne. Je 15mal üben.

Setzen Sie sich auf einen Sessel, und halten Sie sich links und rechts an den Lehnen fest. Jetzt einatmen und aufstehen – ohne

Stützen Sie sich auf eine hohe Tischkante oder Stuhllehne, und atmen Sie tief ein. Neigen Sie den Oberkörper vor und schleudern dabei das rechte Bein gestreckt nach hinten hoch. Richten Sie sich wieder auf und lassen das Schwungbein locker auspendeln.

Ausatmen. Jetzt ist das andere Bein an der Reihe. Je 12mal üben.

gestreckte Bein locker zum linken Arm schwingen. Zwei kleine Trippelschritte am Platz machen und schnell mit dem linken Bein zum rechten Arm hochschwingen.

Der Kopf geht mit: immer zum schwingenden Bein schauen. Je 15mal üben.

Gerade hinstellen, die Beine sind geschlossen, die Arme weit ausgebreitet. Das rechte

Die Beine weit grätschen, die Arme hoch über den Kopf strecken und die Hände falten.

Mit viel Schwung den Oberkörper nach vorn fallen lassen und die Arme durch die gegrätschten Beine schwingen. Wieder hochkommen und den Körper strecken. 10mal üben.

Setzen Sie sich mit geschlossenen Beinen gerade hin. Beide Arme gestreckt nach vorn ausbreiten und nun Arme und Oberkörper in Schulterhöhe nach links schwingen. Zweimal nachfedern und tief einatmen. Gleich anschließend den Oberkörper nach vorn neigen, mit den Händen an die Zehen greifen und

ausatmen. Wieder aufrichten, die Arme ausstrecken und nach rechts schwingen. Je 10mal üben.

Stützen Sie sich mit ausgestreckten Armen auf eine Lehne, und stellen Sie sich auf die Zehenspitzen. Federn Sie zwei- bis dreimal mit hohlem Kreuz nach vorn durch, und atmen Sie tief ein. Dann das Gewicht auf die Fußsohlen zurückverlagern, dabei Kopf und Oberkörper nach vorn beugen, nachfedern und ausatmen. 12mal üben.

123

8

Gerade und aufrecht hinsetzen.
Mit beiden Armen große Kreise
beschreiben. Dann die Arme nach
oben strecken, über den Kopf
zurückschwingen und die
Nackenmuskeln entspannen. Den
Kopf dabei nach hinten fallen
lassen, tief einatmen und den
Rücken gerade strecken. Wieder
mit den Armen kreisen. 10mal
üben.

Wer viel steht, muß viel turnen

Grundsätzlich soll jeder, der aus beruflichen Gründen viel stehen muß, jede Pause nutzen, um sich zu setzen oder hinzulegen und die Beine höher zu betten. Eine wirksame Ausgleichsgymnastik sind die folgenden Übungen.

● Sorgen Sie für gut passende und stützende Schuhe. Zu enge und zu weite Schuhe verderben die Füße. Kaufen Sie neue Schuhe grundsätzlich nur am Nachmittag, wenn die Füße schon ihr halbes Tagespensum hinter sich haben und leicht geschwollen sind.

● Wechseln Sie die Schuhe alle zwei bis drei Stunden. Wechseln Sie dabei auch den Schuhtyp: mal Schuhe mit halbhohen, kräftigen Absätzen, mal welche mit flachen Absätzen. Dabei erholen sich die Muskeln.

● Stützstrümpfe helfen bei leicht geschwollenen Füßen und Beinen. Keine Sorge: Stützstrümpfe sind nicht mit den altmodischen Gesundheitsstrümpfen zu verwechseln. Stützstrümpfe sehen am Bein aus wie dicht gewirkte Stretchstrümpfe.

● Sorgen Sie für eine elastische und federnde Unterlage. Ein dicker Teppich hilft schon, ebenso eine dicke Fußmatte aus Kork oder Sisal.

● Bewegen Sie die Füße in den Schuhen, lassen Sie die Füße kreisen, wechseln Sie oft das Standbein, und nutzen Sie jede Möglichkeit, zu gehen und zu laufen.

● Machen Sie öfter eine Wassertretkur: soviel kaltes Wasser in die Badewanne laufen lassen, daß die Knöchel gut bedeckt sind. Eine Gleitmatte in der Wanne oder ein ausgebreitetes Handtuch sorgen dafür, daß Sie nicht ausrutschen. Jetzt marschieren Sie in der Wanne fest auf und ab und heben dabei jedesmal den Fuß ganz aus dem Wasser.
Nach zehn Minuten aus der Wanne heraus, die Füße nicht abtrocknen, sondern naß in warme Söckchen schlüpfen und die Füße trockenlaufen.

Übungen bei Stehberufen

Tief atmen und geradestehen. Durch wechselndes Anspannen und Entspannen der Bauchmuskeln wird das Atmen verbessert und der Kreislauf unterstützt. Diese unsichtbare Übung können Sie während des Stehtages öfter machen. Tragen Sie den Kopf hoch, damit sich die Brustwirbel dehnen und entspannen können.
Jede Gelegenheit benutzen, in frischer Luft tief ein- und auszuatmen.

Diese acht Übungen für alle, die viel stehen müssen, sollten Sie abends oder morgens turnen:

Gehen Sie auf die Knie und stützen Sie die Hände vorn auf. Mit dem linken Knie dreimal zur Stirn vorfedern, dabei das Kreuz tüchtig nach oben drücken und ausatmen. Dann das linke Bein nach hinten hochschwingen, den Kopf heben und einatmen. Anschließend mit dem rechten Bein turnen. Je 7mal üben.

Sie stellen sich gerade hin und strecken die Arme nach vorn, die Beine sind geschlossen. Die Knie leicht vordrücken, die Fersen heben und dabei zugleich die Bauch- und Beckenmuskeln energisch spannen. Ausatmen. Die Arme senken, das Gewicht auf die ganzen Sohlen zurück verlagern, den Körper entspannen und tief einatmen. 12mal üben.

Geradestehen, die Arme über den Kopf strecken, den linken Fuß etwas vorstellen. Tief einatmen. Fallen Sie schnell in eine tiefe Kniebeuge, stützen Sie die Hände auf dem Boden auf und federn fünfmal nach. Der Rücken muß dabei ganz rund sein. Ausatmen.

Mit Schwung wieder hochfedern, die Arme über den Kopf strecken und tief einatmen. 10mal üben.

Strecken Sie sich lang auf dem Boden aus, und atmen Sie tief ein. Mit Elan den Oberkörper aufrichten und mit den Fingerspitzen die Waden berühren. Die Fersen bleiben dabei fest auf dem Boden liegen. Ausatmen. Lassen Sie sich

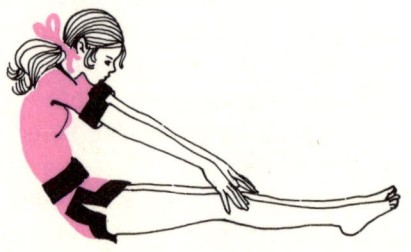

langsam wieder zurückrollen. Beim Aufrichten die Bauchmuskeln fest anspannen. 10mal üben.

Wieder ausgestreckt auf den Boden legen und einatmen. Mit dem Oberkörper nach oben kommen, zugleich ein Bein zum

Körper beugen und es am Knie festhalten und viermal im Kreuz locker nach hinten federn. Ausatmen. Langsam in die Rückenlage zurückrollen und einatmen. Dann ist das andere Bein an der Reihe. Je 10mal üben.

Setzen Sie sich mit angezogenen Knien auf den Boden, umfassen Sie die Knie, und atmen Sie tief ein. Rollen Sie sich nun mit Schwung, wie ein Stehaufmännchen, nach hinten ab und atmen dabei aus. Wieder aufrichten, kerzengerade sitzen und einatmen. 10mal üben.

Legen Sie sich auf den Bauch, die Arme liegen locker neben dem Körper. Schwungvoll den Kopf, Arme und Beine auf einmal heben und dabei einatmen. Dann strecken Sie sich wieder lang aus,

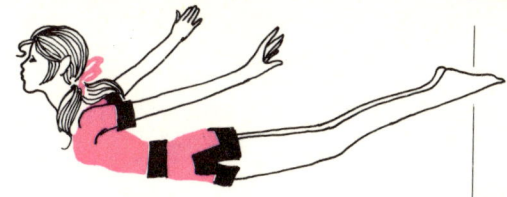

entspannen sich und atmen aus. 7mal üben.

Setzen Sie sich auf den Boden, das linke Bein lang auf dem Boden ausstrecken, mit den Händen die rechte Fußsohle umfassen. Bein und Knie energisch strecken, dann wieder beugen. Beim Hochstrecken ausatmen und das Kreuz kräftig nach hinten durchdrücken. Je 5mal üben.

So kommen Sie spielend in Form

Die spielerische Gymnastik ist für Leute gedacht, die geschmeidig, beweglich und fit bleiben und lieber Gymnastik »spielen« als »arbeiten« wollen.

Sie finden in diesem Kapitel
sieben abwechslungsreiche
Trainingsprogramme. Wählen
Sie sich eines aus!
- Gymnastik im Freien
- Im Wasser
- Mit dem Ball
- Mit dem Buch
- Mit dem Kissen
- Mit dem Stock
- Mit der Flasche

Gymnastik im Freien

Spielerische Gymnastik am Strand
oder im Garten macht Spaß und
trainiert die Figur unauffällig.
Denn wer mag schon vor aller
Augen seine Kniebeugen oder
Bauchmuskelübungen vorturnen.
Es gibt in Spielzeuggeschäften
und in den Kaufhäusern so viele
kleine Geräte, mit denen Sie sich
allein oder zu zweit Bewegung
schaffen können. Zum Beispiel:
Wurfgeräte wie Diskusscheiben
oder Bumerangs, die man
wegschleudert und hinterherläuft
oder so geschickt im Bogen wirft,
daß sie zum Ausgangspunkt
zurückkommen. Diese und
ähnliche Spiele halten den ganzen

Körper in Bewegung und fördern
Ihre Geschicklichkeit.

131

Ringtennis, Strandtennis, Federballspielen, Tamburinspiele bringen den Kreislauf in Schwung, weil sie dabei kräftig rennen und tief atmen müssen.

Seilspringen (die Bademantelkordel tut es auch) trainiert alle Muskeln und beeinflußt die Körperhaltung günstig. Immer barfuß mit geschlossenen Beinen locker federnd vom Boden springen. Der Sprung soll elastisch vom ganzen Körper, niemals nur von den Fußsohlen aufgefangen werden.

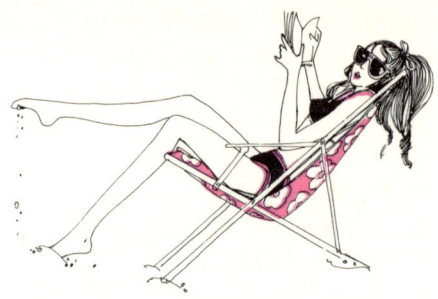

Barfußlaufen im Sand, auf der Wiese, auf Wegen ist ideal für alle, die im Alltag viel stehen müssen. Gehen Sie täglich mindestens zehn Minuten lang barfuß. Rollen Sie die Füße über die ganze Sohle ab, und schwingen Sie beim Gehen kräftig mit den Armen. Beim Gehen alle Zehen kräftig bewegen. Graben Sie beim Sitzen und Sonnenbaden mit den Zehen kleine Mulden in den Sand, und greifen Sie mit den Fußspitzen Steinchen vom Boden.

Gymnastik im Wasser

Machen Sie einen Dauerlauf im knöcheltiefen Wasser: 50 Meter weit laufen, dann etwa zehn Meter ruhig waten, tief durchatmen und wieder locker laufen. Eine Woche später können Sie schon im knietiefen Wasser trainieren.

Gehen Sie in verschiedenen Wassertiefen zügig vorwärts. Erst

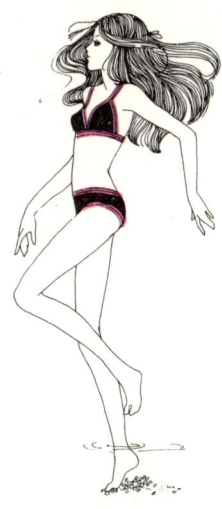

Körper gut tut. Heben Sie dabei die Arme nach oben und zu den Seiten, sie sollen kräftig mitschwingen und die Balance halten.

Kräftiges Strampeln im seichten Wasser kräftigt die Bauch- und Oberschenkelmuskeln. Setzen Sie sich mit ausgestreckten Beinen in seichtes Wasser, stützen Sie die Hände hinten auf, und strampeln Sie nach Herzenslust. Auch Kinder haben Spaß bei diesen Spielübungen.

im wadentiefen Wasser beginnen, dann sollen die Knie und später auch die Oberschenkel vom Wasser bedeckt sein. Das wird ein echter Zeitlupengang, der Ihrem

Schwimmen Sie nur mit den Beinen. Halten Sie sich dabei am Beckenrand, an einem Ball oder der Luftmatratze fest. Machen Sie

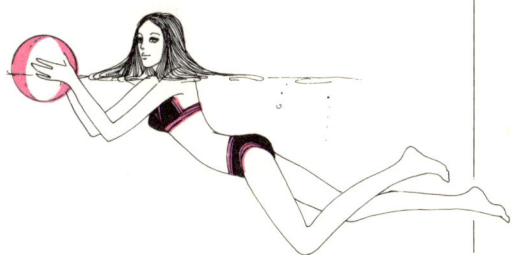

zuerst Schwimmbewegungen und schlagen Sie dann mit den Beinen kräftig auf und ab.

Sport und Spaß zugleich: Bespritzen Sie sich (und Ihren Partner) lang und kräftig im seichten Wasser. Beugen Sie dabei den Oberkörper nach vorn und geben Sie in den Knien leicht nach.

Konzentriertes Atmen beim Schwimmen versorgt den Körper mit viel Sauerstoff: Sie lernen wieder, richtig zu atmen, das Treppensteigen bringt Sie nicht mehr aus der Puste, und Sie werden widerstandsfähiger gegen Krankheiten. Beim Ausbreiten der Arme und Beine einatmen.

Beim Ausstrecken das Gesicht ins Wasser tauchen und, solange Sie können, durch die Nase ausatmen. Schwimmen Sie lange und ausgiebig.

Gymnastik mit dem Ball

Ein einfacher Gummi- oder Plastikball reicht für diese spielerischen Übungen. Sie können aber auch mit einem Wasserball üben. Wer am Strand allein oder mit seiner Familie ballwerfen möchte, sollte sich einen Sturmball kaufen. Das ist ein kleiner, fester Plastikball, der auch bei windigem Wetter seine Richtung behält.

Mit geschlossenen Beinen gerade hinstellen und mit viel Schwung und beiden Armen den Ball hochwerfen. Strecken Sie sich beim Auffangen dem Ball soweit wie möglich mit dem ganzen Körper entgegen. 20mal üben.

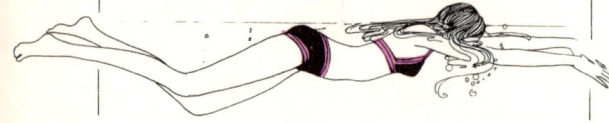

zählen. Dann das andere Bein
nach hinten strecken. 15mal mit
jedem Bein.

3

Setzen Sie sich hin und halten Sie
den Ball zwischen den Füßen fest.
Die Arme hochstrecken und die

2

Aufrecht und mit geschlossenen
Beinen stehen. Den Ball mit
beiden Händen vom Boden
hochnehmen und den Oberkörper
waagerecht vorneigen.
Gleichzeitig ein Bein nach hinten
ausstrecken, in der Schwebe
halten und langsam bis zehn

135

Beine abwechselnd anziehen und wieder ausstrecken. Der Rücken bleibt gerade. 15mal üben.

4

Legen Sie den Ball auf den Boden, und hüpfen Sie mehrmals vorwärts und rückwärts sehr hoch

über ihn weg (A). Halten Sie den Ball mit ausgestreckten Armen in Schulterhöhe, und gehen Sie so zehnmal tief in die Knie (B). Beine grätschen, den Ball zwischen den Beinen nach hinten führen und abwechselnd hinter dem rechten und dem linken Bein annehmen (C). Je 20mal üben.

5

Stellen Sie sich mit gegrätschten Beinen hin, und halten Sie den Ball mit ausgestreckten Armen hoch über den Kopf (A). Jetzt mit Schwung – und durchgedrückten Knien – beugen und den Ball außen neben dem rechten Fuß auf dem Boden auftippen (B). Den

6

Legen Sie sich bäuchlings auf den Boden, und stemmen Sie den Oberkörper mit dem rechten Arm hoch. Mit der linken Hand den Ball weit nach vorn (A) und dicht

Ball wieder hoch über den Kopf heben, dann neben dem linken Fuß auftippen. 12mal üben.

am Körper vorbei weit zurückrollen (B). Dabei den Körper immer hochgestemmt lassen. 5mal üben, dann mit dem linken Arm aufstützen und den Ball mit der rechten Hand 5mal rollen. Achtung, der Ball darf nicht zu klein sein.

137

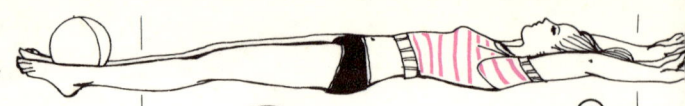

Legen Sie sich mit ausgestreckten Armen auf den Rücken. Der Ball wird mit beiden Händen gehalten und berührt hinter dem Kopf den Boden. Jetzt den Oberkörper mit Schwung aufrichten (A) – die

Den Ball zwischen die Füße klemmen und mit ausgestreckten Armen auf den Rücken legen (A). Schwingen Sie jetzt Beine und Ball hoch, bis sie hinter dem Kopf den Boden berühren. Legen Sie den Ball mit den Füßen in die Hände (B). Die Beine langsam

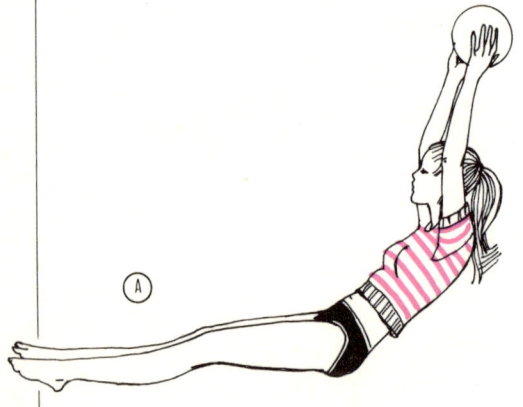

Beine nicht bewegen! – und mit dem Ball die Zehen berühren (B). Langsam wieder auf den Rücken legen, dabei den Ball hoch über den Kopf heben. 12mal üben.

nach vorn schwingen, den Oberkörper mit gestreckten Armen aufrichten und den Ball wieder zwischen die Füße klemmen (C). 8mal üben.

Auf den Boden setzen und die Beine gestreckt und geschlossen vom Boden abheben (A). Führen

Sie den Ball jetzt unter den Beinen durch (B), und geben Sie ihn (über den Beinen) an die andere Hand ab. 12mal üben, ohne daß die Beine den Boden berühren. Beine senken und in umgekehrter Richtung weitermachen.

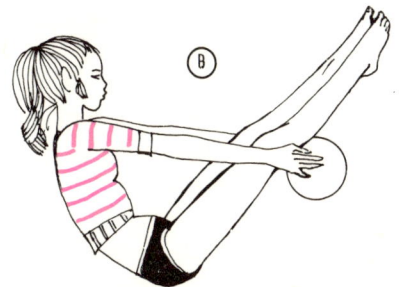

Setzen Sie sich mit gestreckten Beinen auf den Boden, und halten Sie den Ball mit ausgestreckten Armen in Schulterhöhe nach vorn (A).

Drehen Sie den Oberkörper weit nach links, und legen Sie den Ball hinter den Rücken (B). Jetzt schnell nach rechts drehen, den Ball hinter dem Rücken greifen (C) und auf der linken Seite wieder hinter den Rücken legen.

Den Ball 10mal linksherumreichen, dabei immer schneller werden. Die Übung dann rechtsherum 10mal wiederholen.

Gymnastik mit dem Buch

Leicht gegrätscht hinstellen. Beide Arme mit dem Buch hochstrecken

und das Buch langsam auf den Kopf senken. Die Ellenbogen dabei nach hinten drücken und ein Bein gerade nach hinten ausstrecken. Das Bein wieder nach vorn schleifen lassen, die Arme nach oben strecken. Mit jedem Bein 10mal üben.

Lassen Sie das Buch um Ihre Hüften kreisen, indem Sie es schnell von Hand zu Hand reichen. Ist das Buch hinten, wird das Becken vorgedrückt und ausgeatmet. Ist das Buch vorn, tief einatmen und den Oberkörper vorneigen. Den Kopf immer gerade halten. Je 15mal links- und rechtsherum.

Stellen Sie sich breitbeinig hin,
und verlagern Sie das Gewicht auf
das linke Bein. Knie leicht
beugen, das andere bleibt
durchgestreckt. Das Buch rasch

unter dem Knie von der rechten
in die linke Hand geben. Jetzt das
Gewicht auf das rechte Bein
verlagern. Mit jedem Bein 15mal
üben.

Setzen Sie sich mit angezogenen
Knien hin. Das Buch mit beiden
Armen vor den Füßen senken
und ausatmen. Beide Beine
geschlossen hochstrecken,

gleichzeitig die Arme hochrecken.
Bleiben Sie kurz in der
Schwebehaltung, dann entspannen
Sie sich und turnen weiter. 12mal
üben.

Das Buch zuerst mit beiden
Armen gestreckt nach oben
halten, dann nach vorn senken

und zugleich ein Bein gestreckt
zum Buch hochschwingen.
Ausatmen. Beine schließen,
einatmen und das andere Bein
hochschwingen. Je 12mal üben.

Gymnastik
mit dem Kissen

Die Beine grätschen und das
Kissen mit viel Schwung weit nach
links schwingen. Im Schwung das

Kissen kurz loslassen und wieder
greifen. Dabei wird das
Körpergewicht auf das linke Bein
verlagert. Dann das Kissen nach
rechts schwingen. Je 12mal üben.

Wieder gegrätscht stehen und das
linke Bein vorschwingen. Jetzt das
Kissen schnell unter dem Bein in
die andere Hand geben. Zwei
kleine Trippelschritte am Platz
machen und das andere Bein
tüchtig hochwerfen. Je 12mal
üben.

vorn strecken. Den Oberkörper vorneigen und zugleich ein Bein gestreckt nach hinten hochschwingen. Das Kissen jetzt hinter dem Standbein in die andere Hand geben. Mit jedem Bein 12mal üben.

3

Setzen Sie sich mit geradem Rücken auf den Boden und ziehen ein Bein etwas an. Die Arme mit dem Kissen hochschnellen lassen und das Kissen hoch in die Luft werfen. Fangen Sie das Kissen wieder auf, und sinken Sie mit rundem Rücken und gesenktem Kopf locker in sich zusammen. 12mal üben.

Stellen Sie sich aufrecht hin. Das Kissen mit einer Hand weit nach

5

Mit ausgestreckten Beinen auf den Boden setzen. Das Kissen zwischen die Füße klemmen. Die Beine zur Kerze heben, über den Kopf strecken und das Kissen dort fallen lassen. Die Beine geschlossen wieder in die

Ausgangslage führen, in der Luft strampeln – und wieder zurück zum Kopf schwingen. Das Kissen mit den Füßen packen und zurückholen. 7mal üben.

6

Legen Sie sich auf den Boden, und heben Sie die gestreckten Arme und Beine hoch. Mit den

Beinen kräftig in der Luft marschieren, dabei das Kissen zwischen den Beinen schnell von einer Hand in die andere geben. Zählen Sie dabei bis 50.

Gymnastik mit dem Stock

Sie können einen Stab, einen Regenschirm, einen Spazierstock oder ein straff gespanntes Handtuch nehmen – Hauptsache, Sie turnen spielend damit.

1

Legen Sie den Stock auf den Boden, und heben Sie ihn vorn-übergebeugt auf. Die Beine stehen zusammen und bleiben dabei gestreckt. Richten Sie sich auf, und federn Sie mit gestreckten Armen den Stock dreimal über den Kopf weit nach hinten. Dabei einatmen. Den Rücken beugen und mit dem Stock die Zehen berühren, ausatmen. 10mal üben.

2 Sie knien nieder und halten den Stock zwischen den ausgebreiteten Armen. Den Oberkörper mit einer Rechtsdrehung nach hinten neigen, dabei die Bauch- und Gesäßmuskeln kräftig anspannen und ausatmen. Wieder gerade aufrichten, entspannen und tief einatmen. Nun nach links turnen. Je 7mal üben.

3 Stellen Sie sich gerade hin und halten Sie den Stock direkt vor den Knien. Mit dem rechten Bein über den Stock steigen und ausatmen. Das Bein wieder zurückheben, den Oberkörper aufrichten und die Arme weit nach oben strecken. Tief einatmen. Mit jedem Bein 12mal üben.

Legen Sie sich auf den Bauch und fassen Sie den Stock an beiden Enden. Die Arme vor dem Körper weit ausstrecken. Ganz

145

rasch Arme und Beine zugleich
vom Boden heben, den Stock
über den Kopf nach hinten führen
und einatmen. Die Arme wieder
nach vorn führen und die Beine
lang ausstrecken, ausatmen.
10mal üben.

Setzen Sie sich auf den Boden,
und strecken Sie das linke Bein
über den waagerecht gehaltenen
Stock hoch, gut ausatmen. Das
Bein wieder zurücknehmen, lang
hinlegen. Die Arme mit dem

Stock liegen hinter dem Kopf.
Einatmen – und mit dem anderen
Bein turnen. Mit jedem Bein
5mal üben, zum Schluß mit
beiden Beinen 5mal.

Aufrecht stehen, die Beine sind
leicht gegrätscht. Den Stock an
beiden Enden fassen und über
den Kopf heben. Stock nach links
neigen, einatmen und dann
dreimal tief zum rechten Fuß
federn und ausatmen. Nach jeder
Seite 10mal üben.

Gymnastik
mit der Flasche

Füllen Sie eine leere
Plastikflasche mit Sand, und
verschließen Sie sie gut; das ist
der beste Keulenersatz.

Stellen Sie sich mit geschlossenen
Beinen gerade hin. Die Flasche
mit dem rechten Arm weit nach
·hinten schwingen, dabei den
linken Arm locker nach vorn
strecken und sich leicht
vorbeugen. Tief in den Knien
nachfedern und ausatmen. Jetzt
die Flasche weit nach vorn
schwingen, an die linke Hand
abgeben und mit links
zurückschwingen. Mit jedem Arm
15mal üben.

Setzen Sie sich auf den Boden
und stützen Sie sich hinten mit
den Händen auf. Die Beine
grätschen und die Flasche
zwischen die Waden stellen. Die
Beine hochstrecken und rasch
hintereinander über der Flasche in
der Luft kreuzen. Dabei
ausatmen. Die Beine wieder auf
dem Boden grätschen, kurz
entspannen, einatmen und
weiterüben. 30mal üben.

Sie setzen sich auf den Boden und
stellen die Flasche rechts neben
die geschlossenen Knie. Jetzt die
ausgestreckten Beine hochziehen,
über die Flasche schwingen, links
neben der Flasche wieder lang

ausstrecken und zurück zur anderen Seite üben. Die Arme schwingen nach rechts, wenn die Beine links sind und umgekehrt. Je 10mal üben.

4 Stellen Sie sich mit ausgebreiteten Armen gerade hin. Die Flasche steht vor Ihnen auf dem Boden. Mit dem rechten Bein sieben

schwungvolle Halbkreise über der Flasche beschreiben: die Fußspitze immer links und rechts von der Flasche aufsetzen. Dann mit dem anderen Bein üben. Je 4mal üben.

5 Mit gegrätschten Beinen aufrecht hinstellen, die linke Hand auf die Hüfte stützen. Den rechten Arm mit der Flasche im hohen Bogen über den Kopf zur linken Seite schwingen und dabei den Oberkörper nach links neigen. Einatmen. Den Arm wieder zurückschwingen, vor dem Körper auspendeln lassen und ausatmen. Mit jedem Arm 10mal üben.

Entspannungs-übungen

Auch Entspannung kann man lernen. Schalten Sie zuerst alle Lärmquellen aus, vermeiden Sie grelle Beleuchtung, sorgen Sie für eine wohlige Zimmertemperatur und für reichlich frische Luft. Auch Grünpflanzen bringen Sauerstoff in den Raum. Übungen, die der Entspannung dienen, finden Sie auf der nächsten Seite.

Wenn Sie deprimiert und verkrampft sind

. . . gerade dann sollten Sie sich aufrappeln und in frischer Luft einige Gymnastikübungen turnen. Wenn Sie nach den Übungen ein warmes Bad nehmen und sich hinterher von Kopf bis Fuß mit Körperemulsion einreiben – kurz, wenn Sie sich intensiv mit sich selbst beschäftigen –, sieht die Welt schon wieder rosiger aus, und Sie werden sich frischer und gelöster fühlen.

1 Stellen Sie sich aufrecht hin, und verschränken Sie die Hände im

Nacken. Die Beine leicht spreizen. Jetzt den Körper strecken und die Ellenbogen nach hinten federn lassen. Tief einatmen. Den Oberkörper vorneigen und bei ausgestreckten Beinen tief zum Boden federn. Ausatmen. Je 10mal üben.

Sie setzen sich auf den Boden und stützen die Hände hinter dem Körper auf. Zuerst das linke Knie bis zur Schulter hochziehen und ausatmen. Die Beine gerade nach vorn ausstrecken, die Arme bei geradem Rücken nach oben strecken und einatmen. Dann mit dem rechten Bein turnen. Je 10mal üben.

3 Knien Sie sich hin und setzen Sie sich auf die Fersen. Die Arme

schräg über dem Kopf nach links schwingen. Dabei den Körper von den Fersen heben und mit dem ganzen Oberkörper nach links federn. Wieder auf die Fersen setzen und nach rechts turnen. Je 10mal üben.

rechte Knie nach links hochziehen, dabei die Hüfte nach links rollen. Jetzt zur rechten Seite wechseln und das linke Knie hochziehen. Je 10mal üben.

4

Setzen Sie sich auf den Boden, und stützen Sie die Hände hinten auf. Die Beine gerade und geschlossen vorstrecken. Das

5

Aufrecht stehen, die linke Hand auf die Hüfte stützen. Den rechten Arm in Schulterhöhe dreimal gestreckt nach hinten federn lassen. Dabei den Oberkörper mitdrehen und tief einatmen. Dann mit der rechten Hand zum linken Knie greifen und ausatmen. Mit jedem Arm 10mal üben.

Setzen Sie sich mit ausgestreckten Beinen auf den Boden und stützen die Hände hinten auf. Beide Beine geschlossen vom Boden abheben und die Unterschenkel seitwärts einschlagen. Beine wieder vorstrecken und zur anderen Seite einschlagen. Je 10mal üben.

Wenn Sie ausgehen wollen – aber abgespannt sind

Schütteln Sie sich erst einmal gründlich: Arme und Beine schütteln und von einem Fuß auf den anderen hüpfen. Machen Sie Kniebeugen vor dem geöffneten Fenster und Luftsprünge aus dem Kniegelenk heraus. Und duschen Sie ausgiebig. Gymnastik und Duschen oder lauwarmes Abwaschen lassen die Schlaffheit und Müdigkeit verschwinden.

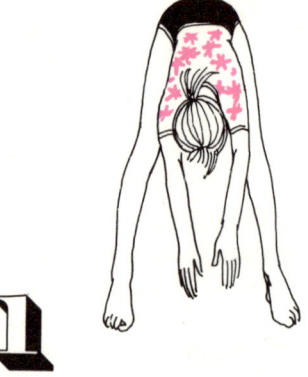

Aufrecht hinstellen und die Beine leicht grätschen. Die Arme über den Kopf strecken und dann zusammen mit dem Oberkörper nach vorn hängen lassen. Arme und Schultern schütteln und sich wieder mit hochgereckten Armen ausstrecken. 10mal üben.

Legen Sie sich lang hin. Mit viel Schwung die Beine und den Rumpf zur Kerze heben. Stützen

den Kopf nach hinten beugen und locker hin- und herschütteln. Wieder auf den Bauch legen und entspannen. 10mal üben.

Stellen Sie sich mit geschlossenen Beinen aufrecht hin, und stützen Sie die Hände auf die Hüften.

Sie mit den Händen die Hüften ab. Die Beine in der Luft schütteln und schütteln, wieder zum Sitzen kommen und den Rücken ganz gerade strecken. 10mal üben.

3

Sie legen sich auf den Bauch und stützen sich mit den Unterarmen ab. Den Oberkörper hochdrücken,

Das Becken vorschieben und kreisen lassen, dabei Bauch- und Beckenmuskeln spannen. 10mal üben.

153

Nun legen Sie sich auf den
Rücken und verschränken die
Arme hinter dem Kopf. Beide
Beine anwinkeln und zum Körper
ziehen. Das rechte Bein gerade
strecken und zehnmal
hintereinander hochschwingen und
wieder senken, ohne daß es den
Boden berührt. Dann ist das linke
Bein an der Reihe.

Zum Ausklang

Wenn Sie dieses Buch nicht nur gelesen, sondern auch körperlich »durchgearbeitet« haben, dann wissen Sie jetzt: Diese Gymnastik ist ein praktischer und angenehmer Weg, um gelenkig und fit zu bleiben. Was Sie jetzt noch brauchen, ist Geduld und Ausdauer. Denn Wunder kann man auch von der besten Gymnastik nicht von heute auf morgen erwarten. Erst nach einigen Monaten zeigt sich der Erfolg, der Sie aber dann noch viel mehr ermutigt, immer weiterzumachen.

Muskelkater wird sich bestimmt auch bei Ihnen einstellen oder eingestellt haben. Er zeigt nur an, daß die Muskeln die Übungen nötig hatten. Die Stoffwechselschlacken in Form von Milchsäure sammeln sich um die Muskeln und verhärten sich. Deshalb tut das Turnen ungeübten Muskeln anfangs weh. Das ist ein ganz natürlicher Vorgang.

Üben Sie ruhig weiter, gönnen Sie den strapazierten Muskeln aber auch Erholungspausen, Entspannungs- und Lockerungsübungen, viel Sauerstoff und heiße, lösende Bäder. Geben Sie niemals Ihre Gymnastik wegen eines Muskelkaters auf. Sie wissen doch jetzt genau, daß sich auf geübten Muskeln keine Fettpolster ansetzen können. Und eine schlanke, gut proportionierte Figur macht – als Ergebnis aller Mühe – genauso glücklich und harmonisch wie die neu gewonnene Elastizität und das Empfinden, sich rundherum wohl zu fühlen in seiner eigenen Haut.

Register